OSTEREIER FÄRBEN

Servus

Das kleine Buch

Christine Mittermayr

OSTEREIER FÄRBEN

natürlich und kreativ

Inhalt

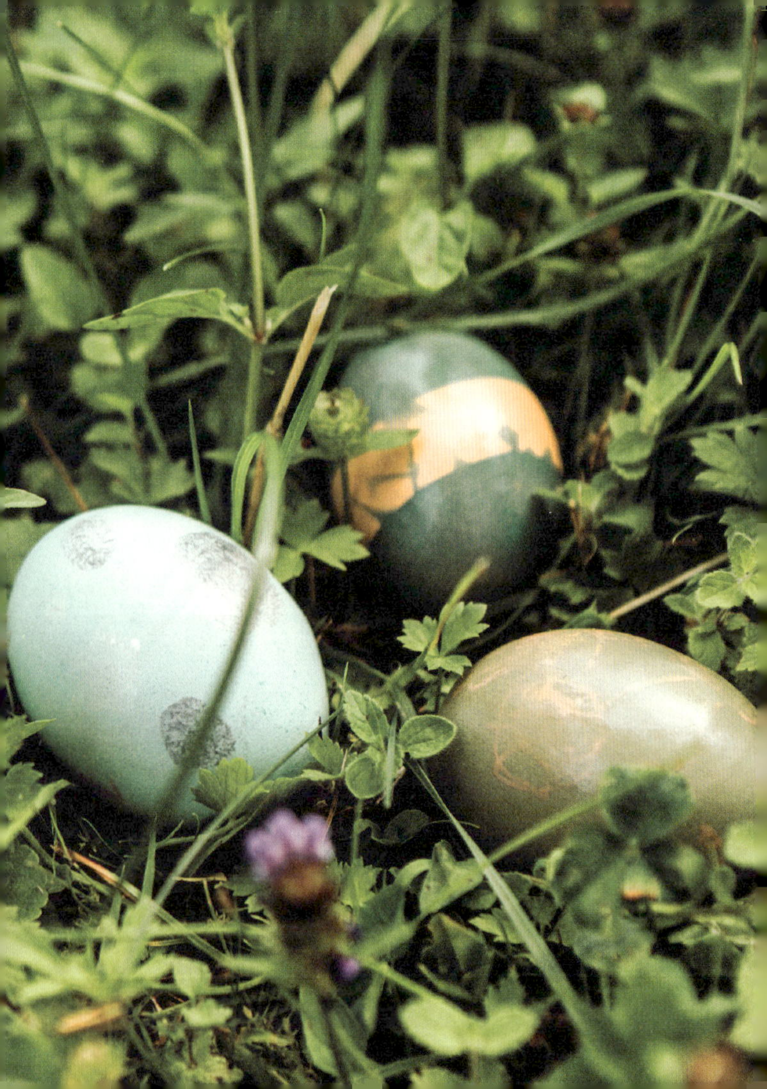

Vorwort

Rote, blaue und grüne Ostereier gehören zum Osterfest in unserer Kultur. Warum das so ist, und ein paar allgemeine Informationen über das Ei findest du auf den ersten Seiten dieses Büchleins kurz erklärt. Färbte man früher die Eier nur rot, sind sie heute bunt und manchmal richtig »durchdesignt«.

Ich gebe es zu: Ich bin nicht die große Dekorateurin, aber eine Farbsortiererin. Ich sortiere nach Farben: Buntstifte, die Kleidung im Kleiderschrank, die Bücher im Bücherregal und natürlich auch die Ostereier.
In diesem kleinen Buch findest du Anleitungen zum Ostereierfärben nach Farben sortiert und mit natürlichen Farbpigmenten gefärbt, wie zum Beispiel mit Roten Rüben, Kurkuma und Zwiebeln. Der Farbton ist vielleicht nicht ganz so plakativ wie bei herkömmlichen Eierfarben, dafür jedoch fein nuanciert und mindestens so charmant. Zu jeder Farbgruppe gibt es eine Gestaltungsidee, einen sogenannten »Ei-Catcher«.

Ein Schwerpunkt ist das Ostereierfärben und -gestalten mit Kindern. Kinder haben einen unkomplizierten Zugang zum Gestalten, und: Was wäre ein Fest ohne Kinder!?

Viel Spaß beim Färben, lass dich inspirieren!
Herzlichst,
Christine Mittermayr

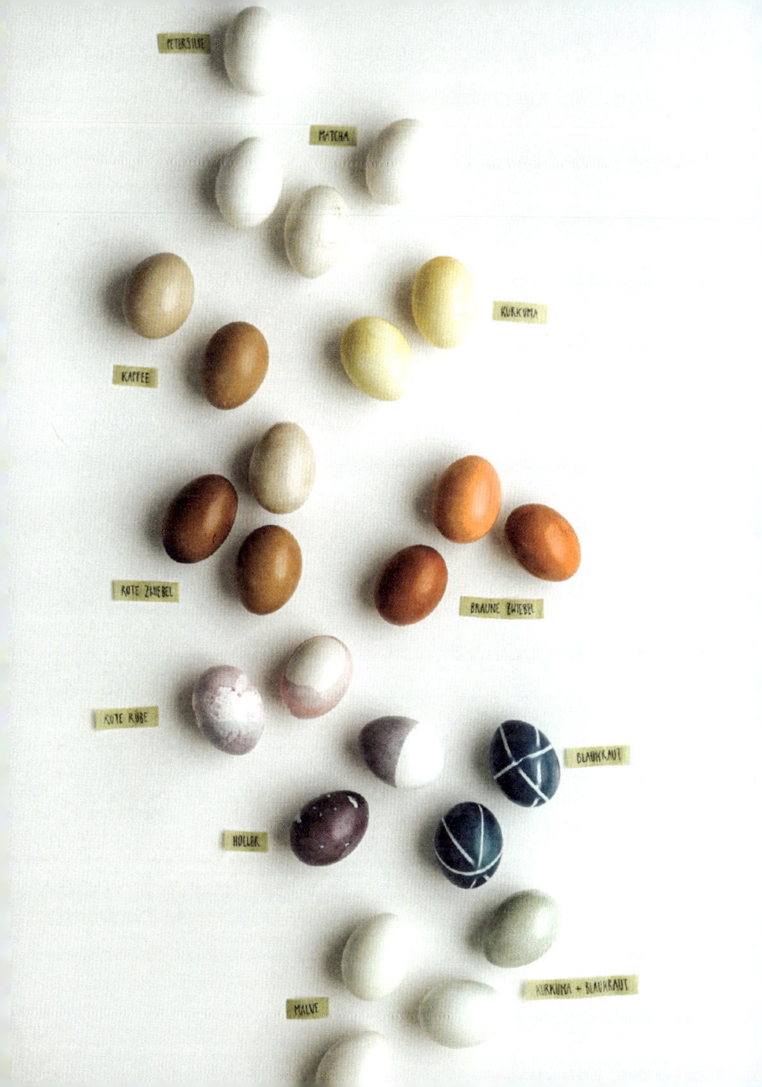
PETERSILIE
MATCHA
KURKUMA
KAFFEE
ROTE ZWIEBEL
BRAUNE ZWIEBEL
ROTE RÜBE
BLAUKRAUT
HOLLER
KURKUMA + BLAUKRAUT
MALVE

Wie kam das Ei zu Ostern?

Die Heiden essen Ostereier und glauben an den Osterhasen.

In der Schule lernten wir, dass das Ei aus heidnischen Bräuchen heraus – es war ein Fruchtbarkeitssymbol für den Frühling – zum christlichen Osterfest kam; ebenso wie der Hase. Im Zuge der Christianisierung wurde das Ei auch als Symbol für die Auferstehung übernommen.
Da bei den Katholiken die Fastenzeit vor Ostern sehr streng eingehalten wurde, kam es zu einem Eiüberschuss in den Haushalten. Damit die Eier haltbar blieben, bzw. damit man sie von den frischen unterscheiden konnte, wurden sie gekocht und rot gefärbt. Ich nehme an, auch damals mit Naturfarben von roten Zwiebeln, Roten Rüben oder roten Beeren. Am Ostersonntag schließlich durfte man nach 40 Tagen fasten endlich wieder Eier essen. Die »Karwochen-Eier« wurden sonntags geweiht, verschenkt oder selbst verzehrt. In den katholischen Pfarrgemeinden gibt es auch heute noch die »Speisenweihe«, wo Eier, Brot und Speck in der Messe

»gesegnet« werden. Als ich ein kleines Kind war, wurden bei uns zu Hause die geweihten Speisen vor dem Ostersonntagsessen, schön angerichtet auf einem großen Teller, als Vorspeise verzehrt.

In unserem Kulturkreis sind die Eier kunterbunt gefärbt und es gibt viele Bräuche rund um das Ei. Zum Beispiel:

- ☞ Eiersuchen: Die Eier werden im Garten versteckt.
- ☞ Eierpecken bei der Osterjause: Zwei Kontrahenten versuchen, dem jeweils anderen die Schale des Ostereies einzuschlagen.
- ☞ Eierrollen auf einem schrägen Brett: Wessen Ei am weitesten rollt, ist der Sieger.
- ☞ Münzenwerfen: Wer schafft es, das entfernt im Gras liegende Ei mit einer Münze zu treffen oder die Münze so zu werfen, dass diese im Ei stecken bleibt?

Meine Familie und ich haben nur das Eierpecken übernommen. Vor dem Osterfest schmücke ich außerdem die Wohnung mit grünen Birkenzweigen oder blühenden Forsythienzweigen aus dem Garten. Daran hänge ich ausgeblasene und dekorierte Eier. Am Fensterbrett stehen seit der Kindergartenzeit unserer Söhne zu Ostern zwei gelbe Pappmaschee-Hennen, die in ihrem Bauch Dragee-Eier verbergen. So hat jedes traditionelle Fest in jeder Familie seine Rituale, auch bei uns zu Hause.

Woher kommt das weiße Ei?

»Ob das Ei weiß, braun oder grün gelegt wird, das bestimmt die Rasse der Henne«, sagt mein Vater. Er kennt sich aus beim Geflügel, denn er ist pensionierter Landwirt und seit Jahrzehnten leidenschaftlicher Taubenzüchter beim Kleintierzüchterverein.

Ich weiß jetzt auch, dass die Eierfarbe des Eies bei reinrassigen Hühnern nicht von der Federfarbe der Henne abhängig ist, sondern von der Farbe deren Ohrscheibe. Hat das Huhn eine weiße Ohrscheibe, werden die Eier weiß, bei roten Ohrenscheiben »ploppen« die Eier braun aus der Henne.

Grüne Eier legt z. B. die Henne der südamerikanischen Rasse »Araucana«. Bei dieser bewirkt der Gallenstoff Oocyan die grünliche, türkisfarbene Schale.

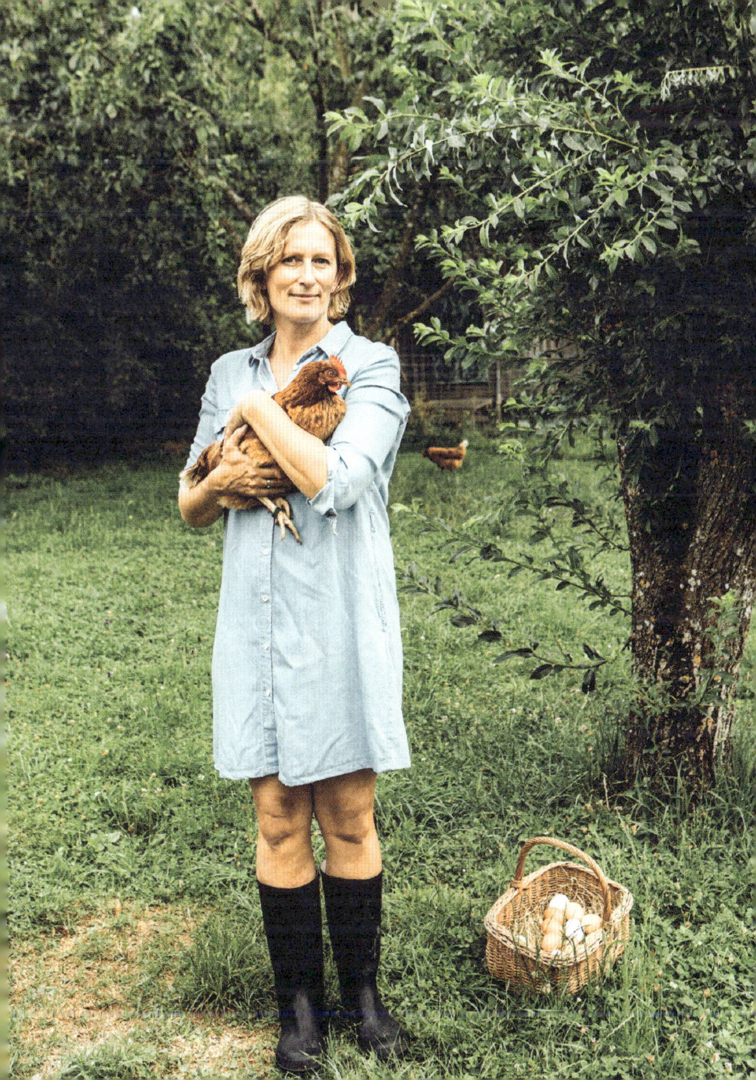

Das Ei kann's!

»Eier lassen uns gut sehen, machen uns schön und wir behalten die Nerven«, sagt mein Arzt.

Das Ei wurde eine Zeit lang als ungesunde Cholesterinbombe abgetan. Unser Arzt sagte vor Jahren schon: »Zu Unrecht, denn das Ei bietet so viel mehr!« Das Protein (im Eiweiß) und das Carotin (im Dotter) stärken das Immunsystem beziehungsweise binden freie Radikale im Körper. Vitamin A, Lutein und Zeaxanthin verbessern außerdem die Sehleistung. Eier enthalten Spurenelemente und Vitamine wie Vitamin B, Zink und Schwefel. Diese sind wichtig für die Schönheit von Haut und Haaren, für die Blutbildung und werden außerdem für die Stressbewältigung gebraucht. Eier (von frei laufenden Hühnern, die Sonnenlicht abbekommen) weisen Vitamin D auf, das stärkt die Knochen – nicht nur die des Huhns. Das im Ei enthaltene Lecithin ist gut für die Gehirnleistung. Im Eiweiß ist auch Tryptophan enthalten. Das ist eine Vorstufe zum Serotonin, dem Gute-Laune-Hormon. Außerdem lässt das Protein im Ei unsere Muskeln wachsen. Alles in allem also ein Wunderwerk, dieses kleine Ei. Das sind doch feine Gründe, um Bio-Eier mit Maß und Ziel nicht nur zu Ostern zu essen!

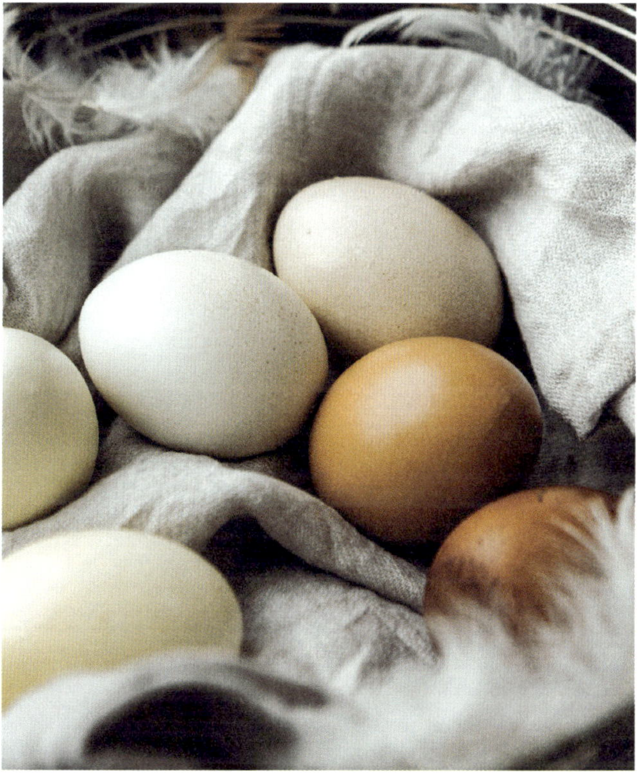

Wie kocht man Ostereier am besten?

Technikbegeisterte (so wie mein Mann) werden dazu einen Eierkocher verwenden. Ich bin »oldschool« und koche die Ostereier am liebsten in einem großen Kochtopf und mit einem Hängesieb. Aus Überzeugung verwende ich Bio-Eier von »glücklichen« Hennen. Diese Hühner laufen frei, fressen Gras und bekommen Biogetreide (kein Soja!). Doch vom Hühnerstall und -garten zurück zum Eierkochen: Zuerst nehme ich die Eier aus dem Kühlschrank, um sie auf Zimmertemperatur zu bringen. Dann wasche ich die Eier mit Essigwasser. Ich fülle einen großen Kochtopf halb voll mit Wasser. Sobald das Wasser sprudelt, hänge ich das Sieb mit den zimmertemperierten Eiern für 8 Minuten in das Wasser. Mit 8 Minuten ist der Dotter fest (aber nicht zu fest) – gerade richtig zum Eierpecken und für die Osterjause. Nach den 8 Minuten nehme ich also das Sieb mit dem Eiern aus dem kochenden Wasser und kühle anschließend die Eier mit kaltem Wasser ab. Nun sind sie bereit für ein kaltes Farbbad. Bei manchen Farben, wie zum Beispiel bei Braun (gefärbt mit

Zwiebelschalen oder Kaffee), Gelb (Kurkuma) und Grün (Petersilie) färbe ich die Eier gleich direkt mit. Da gebe ich das färbende Kraut oder Gewürz mit kaltem Wasser in den Kochtopf und sobald der Sud bis zu 30 Minuten gekocht hat, lege ich die zimmertemperierten Eier vorsichtig in den Farbsud hinein. Auch diese Eier koche ich 8 Minuten lang.

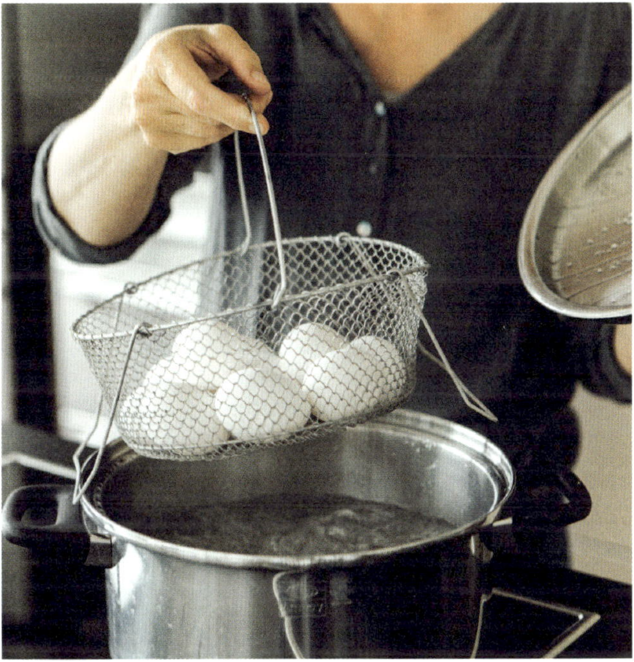

Tipps zum Ostereierkochen:

Sind die Eier vor dem Kochen zimmertemperiert, zerspringt die Schale beim Kochen nicht so leicht.
Vor dem Kochen kannst du die Eier mit Essigwasser reinigen. Das entfernt die natürliche »Wachsschicht« der Eier und lässt sie die Farbe besser annehmen. Außerdem ätzt Essig das Kalzium der Schale etwas ab, auch deshalb nimmt die Schale die Farbe besser auf.

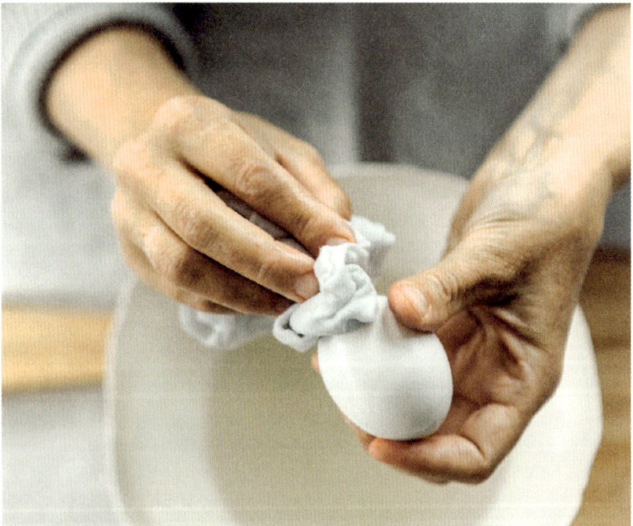

Wie werden die Eier nach dem Färben glänzend?

Wenn du einen leichten Speckduft magst, kannst du die Eier mit einer Speckschwarte nach dem Färben polieren. Oder du träufelst etwas Olivenöl auf ein weiches Küchentuch und polierst damit die Eier. Nun glänzen sie herrlich.

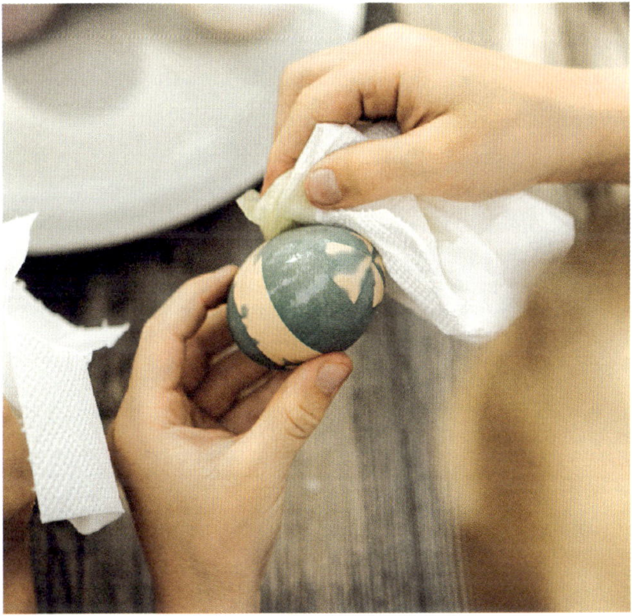

Wie erkennt man frische Eier?

Als Kinder fanden wir auf unserem Hof im Heustadel öfters ein Eiernest mit vielen Eiern darinnen – unsere Hühner liefen frei herum und befreiten die ganze Umgebung um den Hof von Schneckeneiern, Engerlingen und Regenwürmern. Manchmal legten sie die Eier nicht in den Hühnerstall, sondern in ein »geheimes Nest«, wie wir Kinder es nannten. Wie konnte meine Mutter nun herausfinden, ob die gefundenen Eier noch frisch und genießbar waren?

Sie legte die Eier in ein Wasserbad. Frische Eier sinken zu Boden, verdorbene Eier schwimmen oben auf, da die Luftblase im Inneren des Eies immer größer wird, je älter das Ei ist. Das erklärt auch, warum nicht mehr ganz frische Eier halb schräg im Wasser stehen. Auch durch Schütteln kann man mit Erfahrung feststellen, ob das Ei frisch ist: Hört und spürt man ein Schwappen, ist das Ei nicht mehr frisch. Verdorbene Eier verströmen beim Aufschlagen einen Schwefelgeruch, außerdem sind Dotter und Eiklar nicht mehr klar voneinander abgegrenzt.

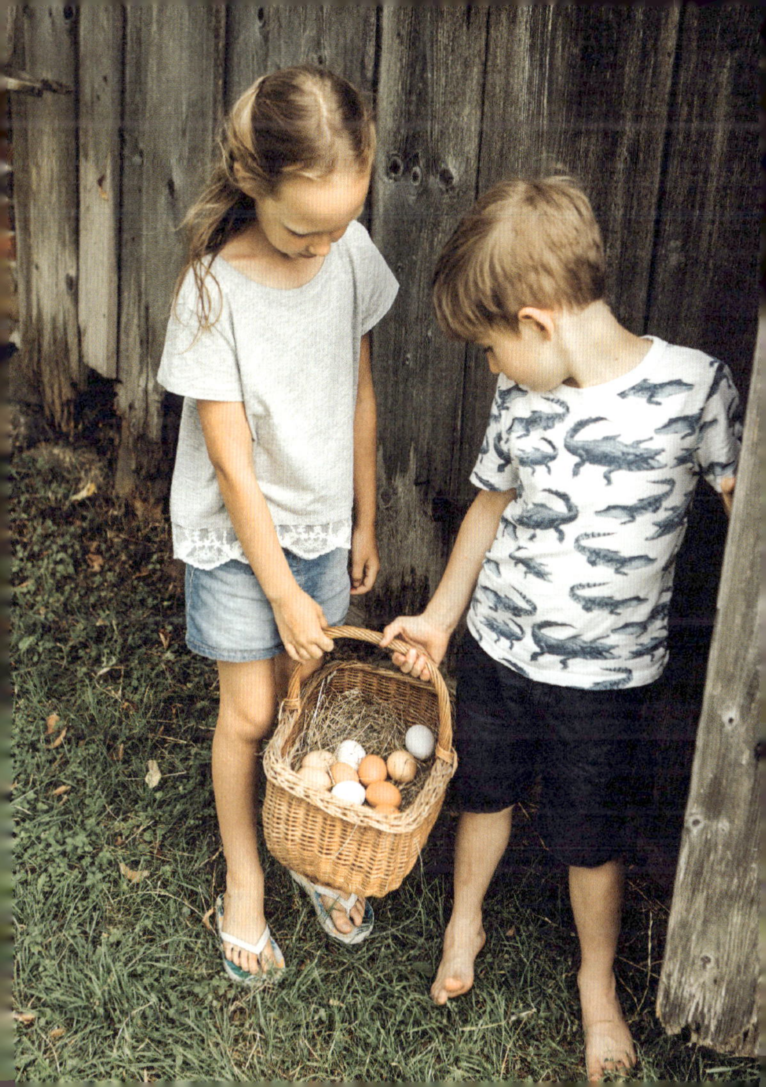

Schritt-für-Schritt-Anleitung fürs Kaltfärben:

1. Bereite dir Farbsude in den verschiedenen Farbgruppen vor (siehe Seite 29) und gib diese in Gläser. Lege Löffel dazu bereit.
2. Reinige die Eier mit Essigwasser.
3. Lege sie vorsichtig in ein Sieb.
4. Befülle einen Kochtopf mit kaltem Wasser,
5. stelle diesen auf den Ofen
6. und schalte die Ofenplatte auf die höchste Stufe.
7. Sobald das Wasser zu kochen beginnt, hänge das Sieb mit den Eiern rein und stelle die Eieruhr auf 8 Minuten.
8. Ist die Zeit um, nimm die Eier (das Sieb mit den Eiern) vorsichtig aus dem Wasser
9. und kühle diese mit kaltem Wasser ab.
10. Danach kommen die Eier in die vorbereiteten Farbsude für ein kurzes oder langes Farbbad. Je nach Farbintensitätswunsch.
11. Je nach Gestaltungswunsch werden sie vorher entsprechend vorbereitet (siehe »Ei-Catcher«, Seite 38-45).
12. Nach dem Farbbad die Eier vorsichtig mit einem Löffel rausnehmen
13. und auf einem Tuch abtropfen lassen.

14. Ist die Farbe vollständig getrocknet, kannst du die Eier mit einer Speckschwarte oder mit Olivenöl und einem weichem Tuch zum Glänzen bringen, indem du sie mit dem Fett/Öl polierst.

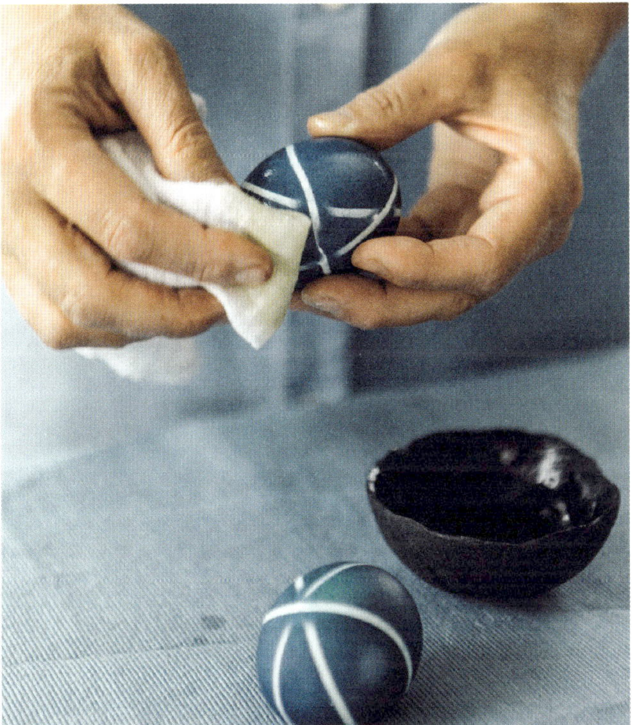

Schritt-für-Schritt-Anleitung fürs Warmfärben:

1. Reinige die Eier mit Essigwasser.
2. Lege sie vorsichtig in ein Sieb.
3. Befülle einen Kochtopf mit kaltem Wasser
4. und gib deine Färbe-Ingredienzien (wie Zwiebelschalen, Petersilie oder Kurkuma) dazu.
5. Stelle den Topf auf den Ofen
6. und schalte die Ofenplatte auf die höchste Stufe.
7. Koche den Sud für 20 bis 30 Minuten.
8. Bereite die Eier zum Beispiel für die Shibori-Technik oder den Pflanzendruck vor (siehe Seite 40 bzw. Seite 35)
9. Hänge das Sieb mit den Eiern in das Wasser mit den Zwiebelschalen oder anderen Kräutern, und stelle die Eieruhr auf 8 Minuten.
10. Ist die Zeit um, nimm die Eier (das Sieb mit den Eiern) vorsichtig aus dem Wasser
11. und kühle diese mit kaltem Wasser ab.
12. Die Eier vorsichtig mit einem Löffel rausnehmen
13. und auf einem Tuch abtropfen lassen.
14. Nimm die Gummibänder oder den Strumpf mit dem Blatt wieder ab.

15. Ist die Farbe vollständig getrocknet, kannst du die Eier mit einer Speckschwarte oder mit Olivenöl und einem weichem Tuch zum Glänzen bringen, indem du sie mit dem Fett/Öl polierst.

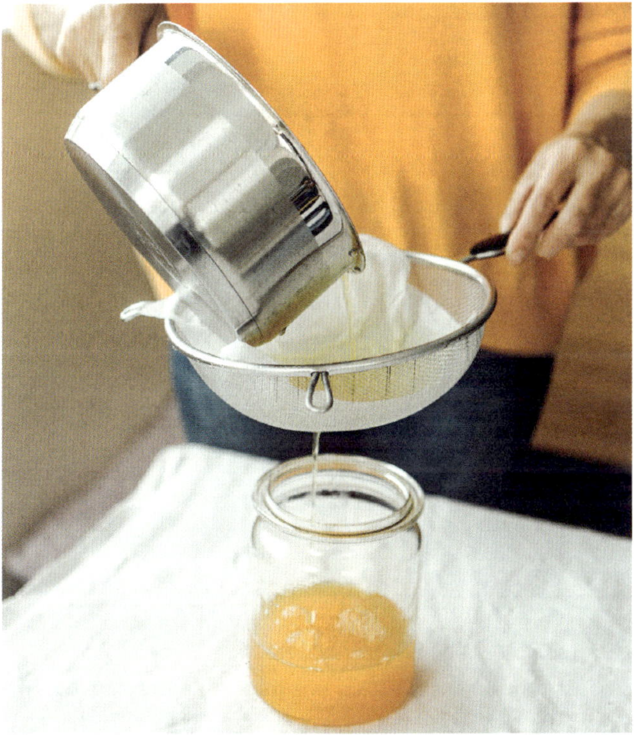

Bunt, bunt, bunt sind alle meine Ostereier

Eierfärben mit natürlichen Farben

Eierfärben mit Zwiebeln, Kurkuma und Roten Rüben ist gesund, nachhaltig und lässt Freiraum für Experimente. Hier erfährst du, welche Natur-Ingredienzien ich meistens verwende. Allerdings erhebe ich keinen Anspruch auf Allwissenheit und Vollständigkeit bei dieser Sache. Ich bin bloß eine begeisterte Bio-Eier-Esserin und gestalte gerne Feste. Dazu passt auch das Ostereierfärben und -gestalten mit natürlichen Stoffen.

Tipps zum Kaltfärben:

Je nachdem, wieviel freie Töpfe du zur Verfügung hast, so viele Farbsude zum Kaltfärben kannst du gleichzeitig herstellen. Bei mir sind es z. B. Blaukrautsud, Holundersud, Roter-Rüben-Sud und viele andere.
Die fertigen Sude kannst du in größere Gläser (zum Beispiel Einkochgläser) füllen.

Tipps zum Warmfärben:

Bei manchen Farben hat sich bewährt, die Eier gleich im Farbsud mitzukochen. Das kannst du z. B. bei den roten und braunen Zwiebelschalen, bei Malvenblüten, Petersilie, bei Kaffee, (Färber-)Kamille und bei Kurkuma machen. Die Farbstoffe aus Pflanzen und Gemüse werden intensiver, wenn du die Farbe ca. eine halbe Stunde lang aus der Zutat »herauskochst«.

Hast du alle Farbsude nach Farbgruppen sortiert und zum Kaltfärben vorbereitet (inklusive Beschriftung), geht das Eierkochen und das Färben los.

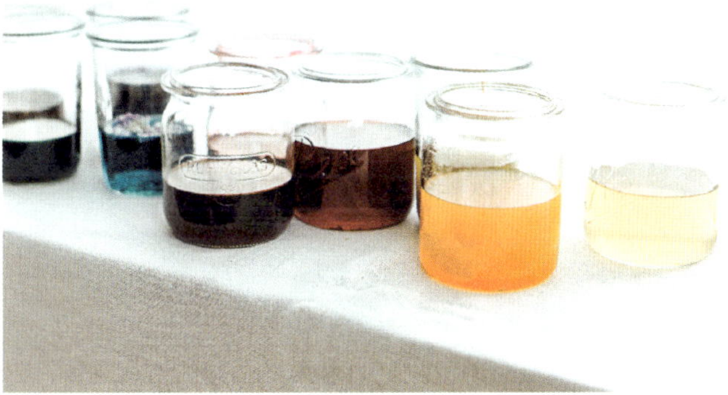

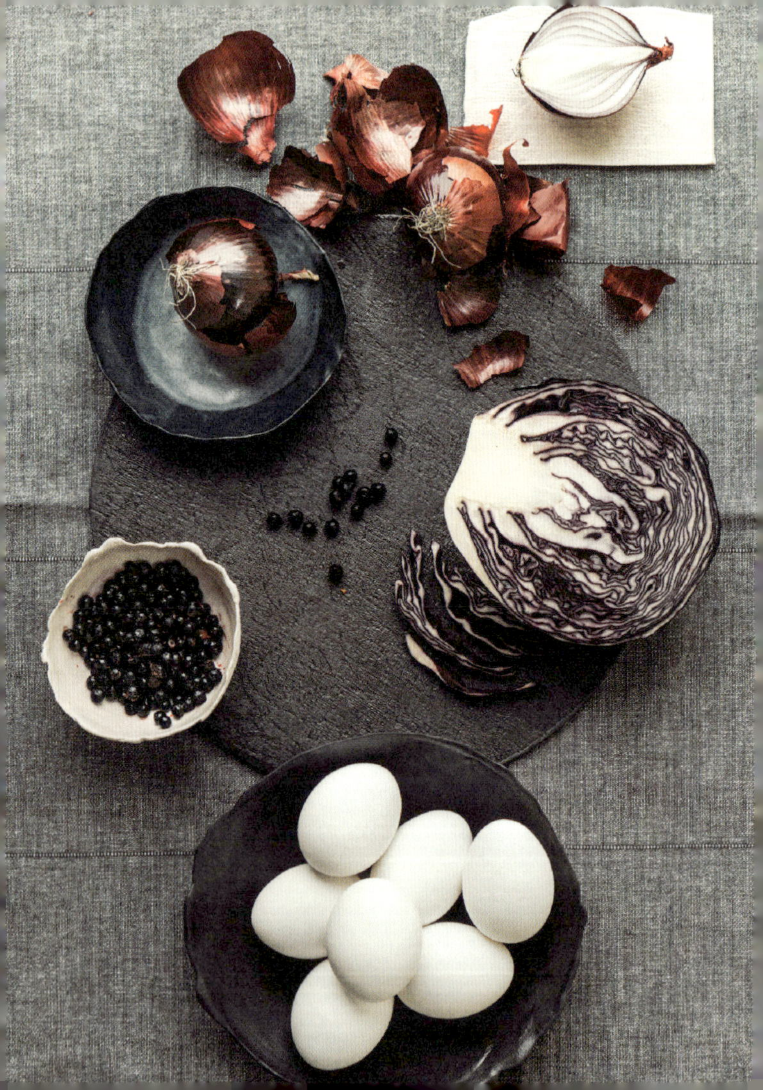

Blau/Violett

»Frühling lässt sein blaues Band wieder flattern durch die Lüfte.«
Eduard Mörike

Blaue oder violette Ostereier bekommst du zum Beispiel von Blaukraut, Holunderbeeren, Heidelbeeren und Brombeeren. Einen Farbsud aus ½ kg Blaukraut und/oder ½ kg blauen Beeren stellst du folgendermaßen her: Geschnittenes Gemüse bzw. die Beeren ca. eine halbe Stunde in eineinhalb Liter Wasser köcheln lassen, abkühlen und abseihen – fertig ist der blaue bzw. violette Sud zum Kaltfärben.
Lässt du die gekochten Eier über Nacht im Blaukrautsud im Kühlschrank stehen, erhältst du einen wunderschönen dunklen Blauton.
Holunderbeerensud ergibt z. B. einen zarten lila Farbton.

»Ei-Catcher«: Shibori-Technik (siehe Seite 40)

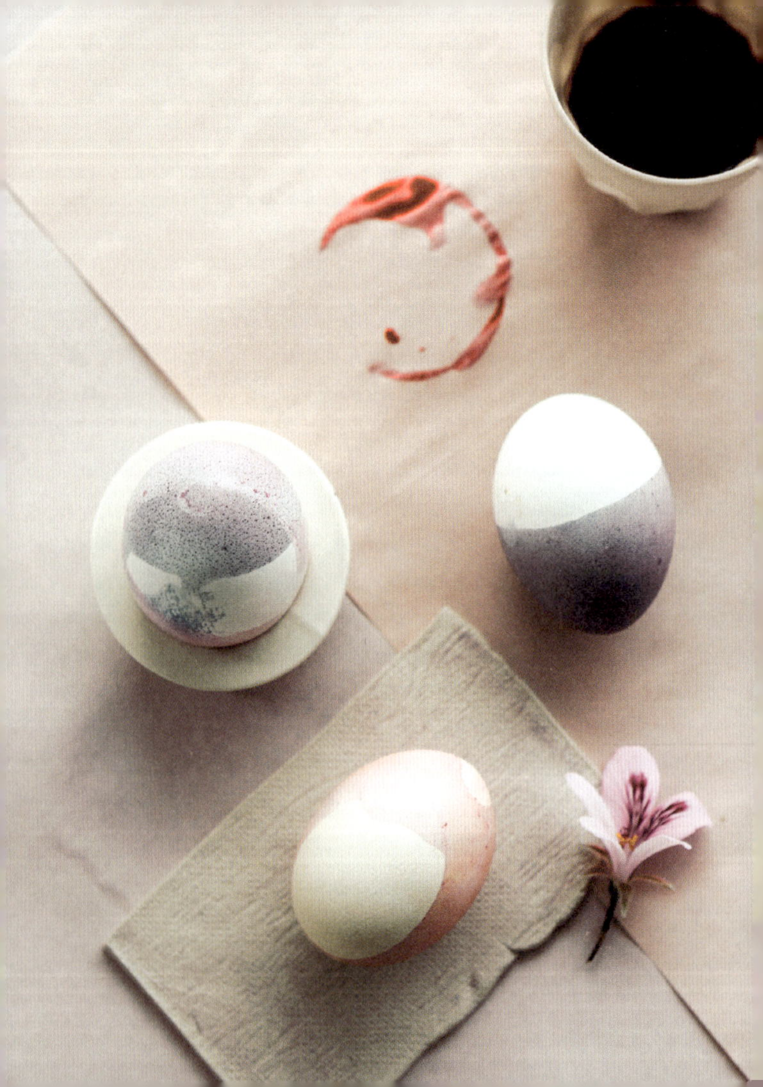

Rotbraun/Rosa

»Aber die zarten Gedanken der Liebe sind wie lustig dazwischenblühende rot' und blaue Blumen.«
Heinrich Heine

So kannst du einen rosa Farbton zum Kaltfärben herstellen: ½ kg Rote Rüben schneiden, ca. eine halbe Stunde kochen, danach abseihen – fertig ist der rosa Farbsud.

»Ei-Catcher«: Dip-Dye-Effekt (siehe Seite 38)

Warmfärben:

Willst du einen satten rotbraunen Farbton, kannst du eine bis zwei Handvoll roter Zwiebelschalen in einen Topf mit kaltem Wasser geben, alles erhitzen, mindestens 5 Minuten kochen lassen und danach weiße und braune Eier hineinlegen und 8 Minuten lang kochen.

»Ei-Catcher«: Pflanzendruck oder Ombre-Effekt (siehe Seite 42–45)

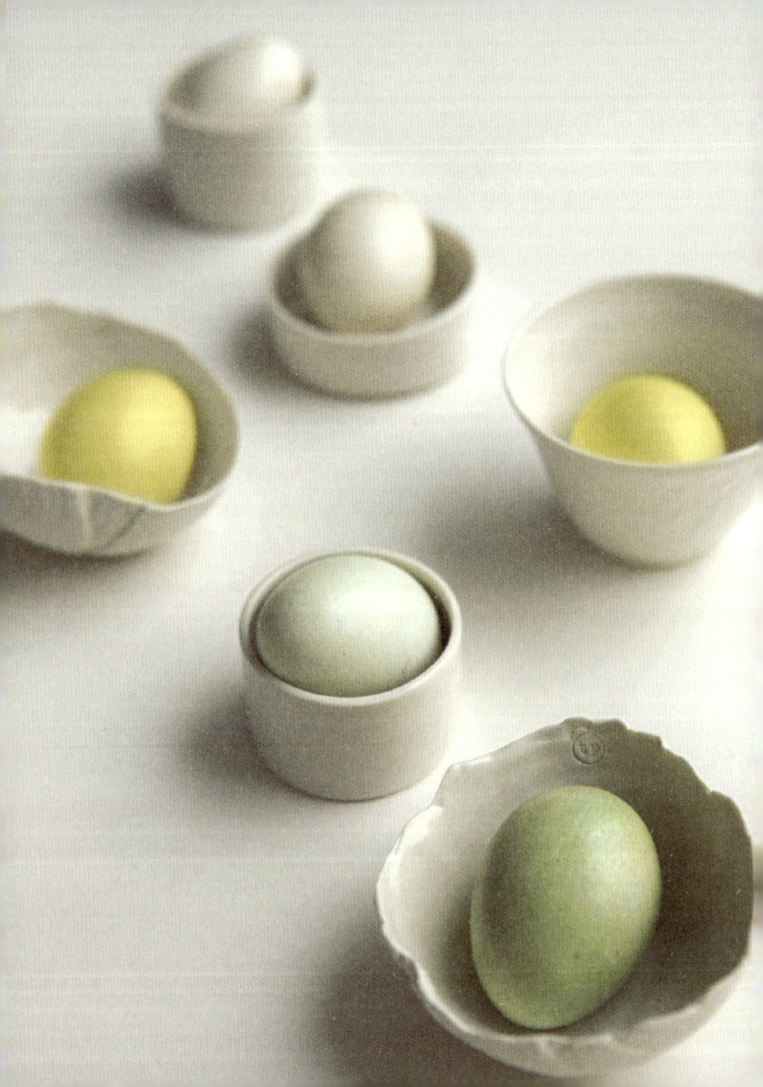

Gelb

Gelb klingt »wie eine immer lauter geblasene Trompete oder ein in die Höhe gebrachter Fanfarenton.«
Wassily Kandinsky

Gelbe Eier kannst du mit (Färber-)Kamille, Goldrute, Kurkuma und Curry färben.
Für einen Liter Wasser kannst du zum Beispiel 20 Gramm getrocknete Färberkamille nehmen. Koche diese zuerst ca. eine halbe Stunde lang aus, ehe du die rohen Eier dazugibst. So wird der Farbton bei weißen Eiern leuchtend gelb, bei braunen Eiern dunkelgelb.
Bei einem Esslöffel Kurkumapulver oder Curry erhältst du auch einen kräftigen Gelbton.

»Ei-Catcher«: Ombre-Effekt (siehe Seite 44)

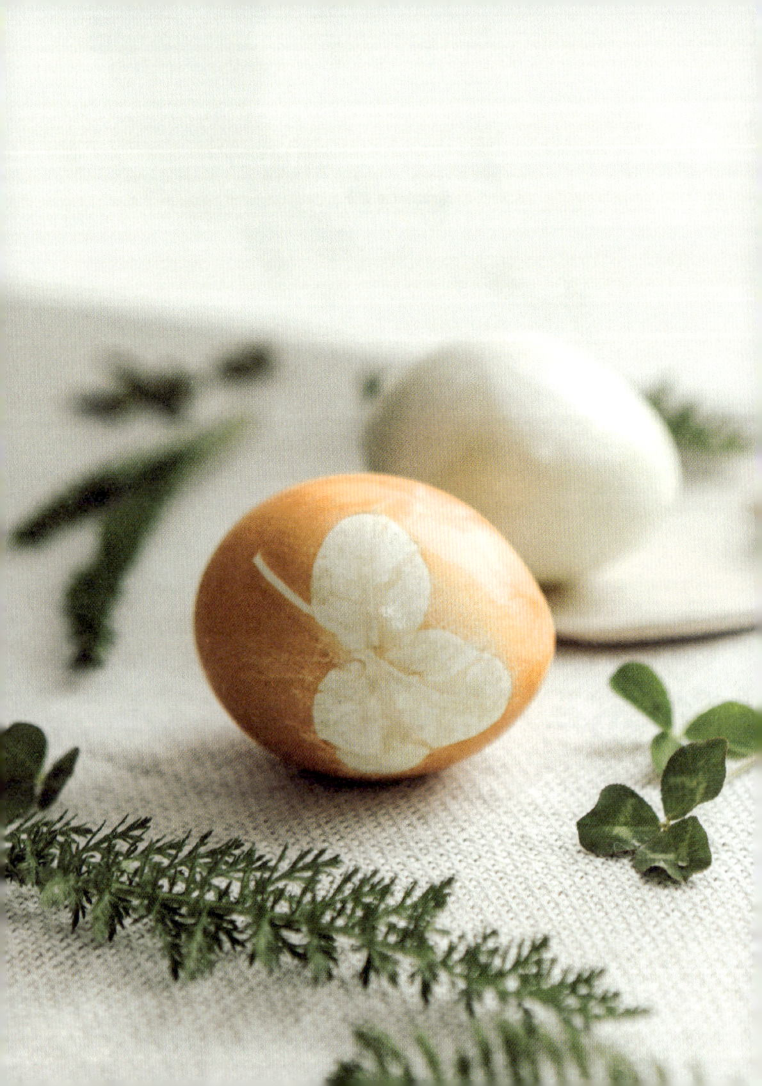

Ocker/Braun/Orange

»Die rote Farbe fordert die grüne.«
Verfasser unbekannt

Mischt man beide, bekommt man Braun.

Natürliche Färbemittel für diese Farbgruppe können sein: braune Zwiebel, Schwarztee oder gemahlener Kaffee. Rooibostee macht einen schönen Orangeton.

Warmfärben:
Erstellst du einen Farbsud mit einer der oben genannten Zutaten, kannst du die Farbe vorher ca. eine halbe Stunde auskochen, danach die Eier gleich direkt dazugeben und 8 Minuten lang kochen. So erhältst du einen satten Farbton.

»Ei-Catcher«: Pflanzendruck oder auch Ombre-Effekt (siehe Seite 42–45)

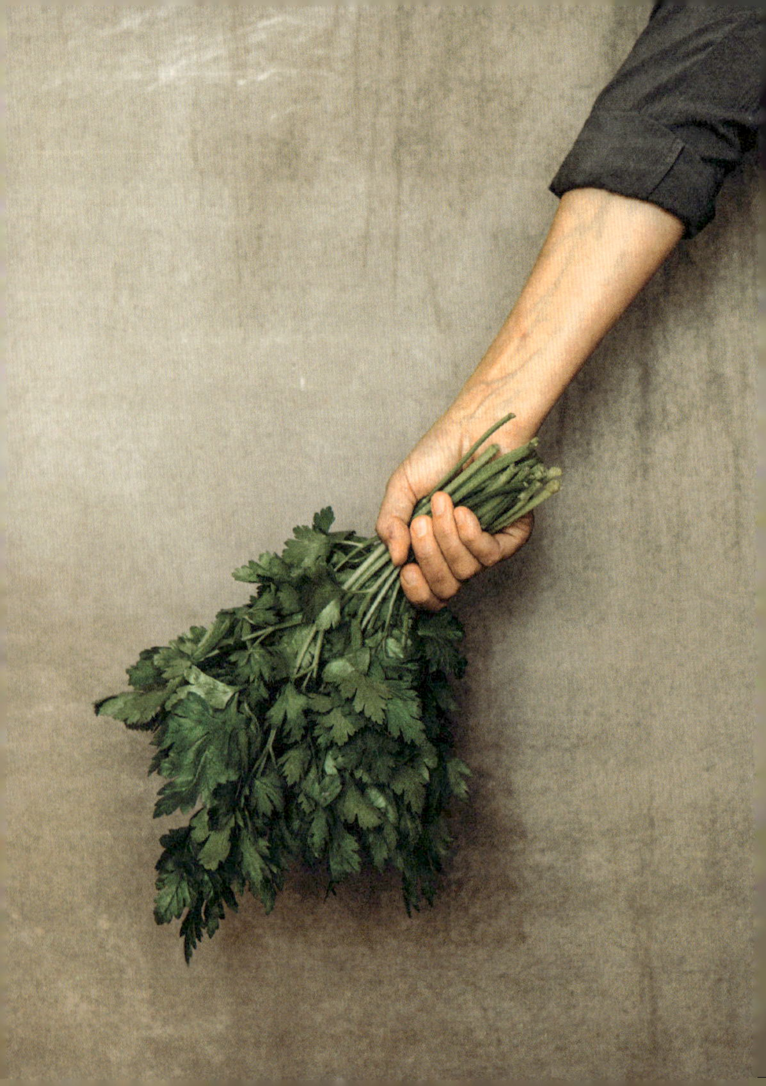

Grün

»... doch grün, das stärkt das Aug' und den Verstand.«
Franz Grillparzer

Eines gleich vorweg: Es gibt Hühnerrassen (zum Beispiel »Auracana«), die Eier mit grünen Schalen legen. Hast du die Möglichkeit solche Eier zu kaufen, bekommst du Ostereier mit einem wunderschönen Grün-Türkis-Ton. Willst du weiße Eier grün färben oder bei grünen Eiern den Farbton intensivieren, kannst du sie z. B. in einem Petersiliengrünsud, in einem Malvenblütensud oder Matcha-Tee-Sud kochen. Löwenzahnblätter oder Spinatblätter eignen sich ebenfalls dazu. Von den Tees und den Kräutern wird der Grünton sehr zart. Willst du das Grün kräftiger haben, mische dir das grüne Farbbad selbst zusammen: zum Beispiel aus einer Kombination von Kurkumasud und Blaukrautsud. Von der Farbenlehre wissen wir: Blau und Gelb gemischt ergibt einen schönen Grünton.

»Ei-Catcher«: Ombre-Effekt (siehe Seite 44)

Ei-Catcher Schritt-für-Schritt-Anleitungen

»Ei-Catcher«: Dip-Dye-Effekt

Der Dip-Dye-Effekt entsteht, wenn du die gekochten (und ausgekühlten) Eier immer nur teilweise und unterschiedlich lange ins Farbbad hältst. Diese Technik ist auch für Kinder einfach durchzuführen. Gibst du in ein enges Glas nur wenig Farbe, kannst du das Ei reinstellen und es wird z. B. einfach nur die Eierspitze oder der Eierboden gefärbt.

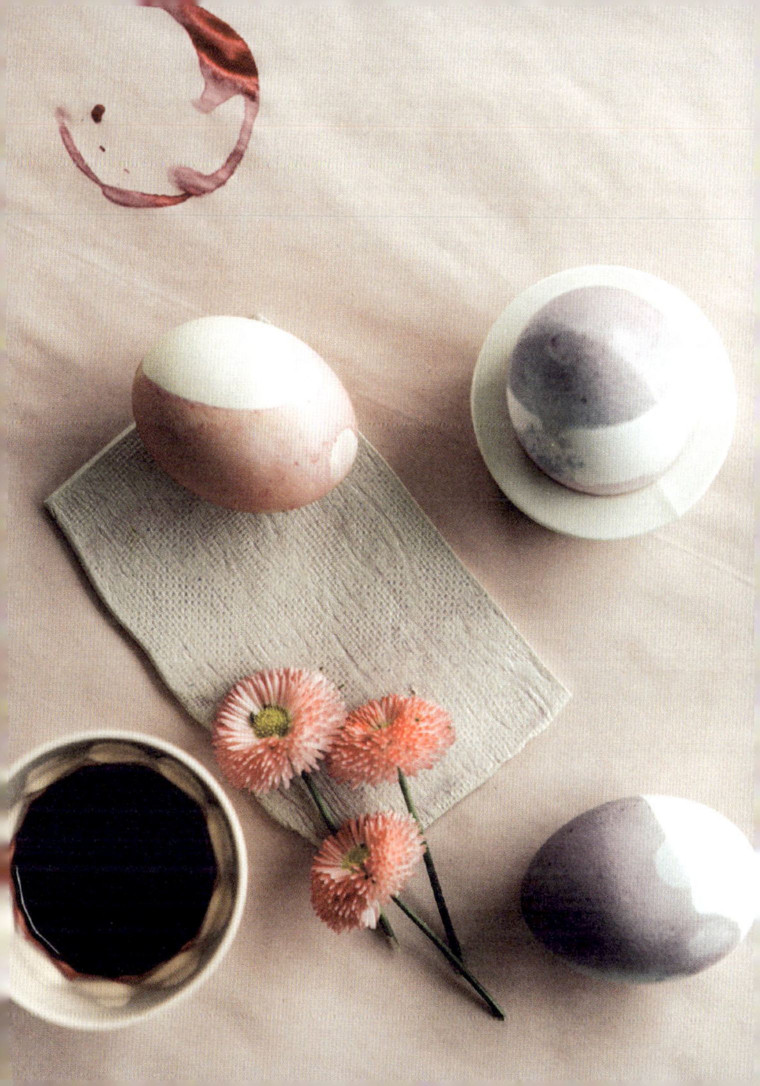

»Ei-Catcher«: Shibori-Technik

Du gibst vor dem Färben breite Gummiringerl um die gekochten Eier und legst die Eier für ca. 15 Minuten (oder länger) ins Farbbad. So entsteht ein wunderschönes Shibori-Muster. Je länger die Eier in der Farbe liegen, umso intensiver wird die Farbe. Beim Blaukraut kannst du die Eier sogar über Nacht im Kühlschrank im Farbbad stehen lassen. Nach dem Farbbad die Eier auf einer Küchenrolle oder einem alten Baumwolltuch (etwa aus einem alten T-Shirt) abtropfen lassen. Gummiringerl vorsichtig lösen. Mit Speckschwarte oder Olivenöl und weichem Tuch polieren. Fertig!

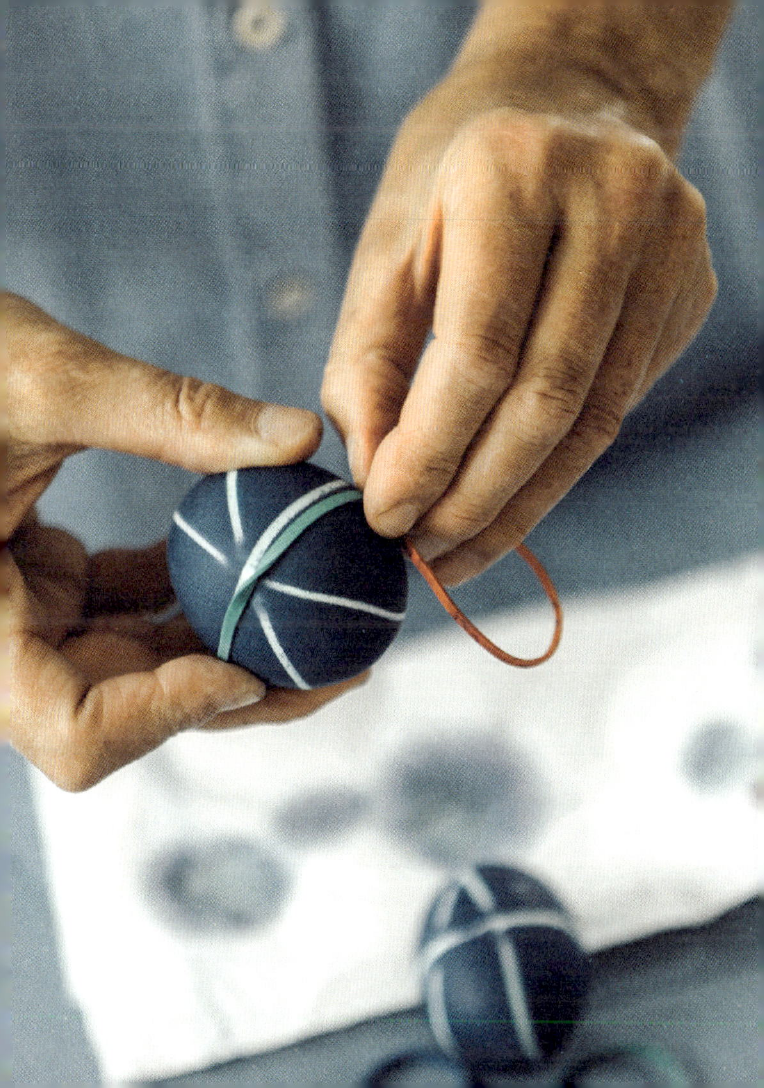

»Ei-Catcher«: Pflanzendruck

Sammle z. B. Blätter und Blüten von einer Wiesenpimpernelle, von Schlüsselblumen, Gänseblümchen, Erdbeerblätter, Kleeblätter oder was auch immer dir gefällt. Lege ein Blatt/eine Blüte vorsichtig auf das gekochte oder rohe Ei, umschließe es straff mit einem Stück alter Seidenstrumpfhose, verschließe dieses gut (z. B. mit einem Verschluss-Clip), und lege das Ei in den kalten Farbsud, beziehungsweise koche das ungekochte Ei im Wasser mit Färbegut (z. B. Zwiebelschalen) mit.

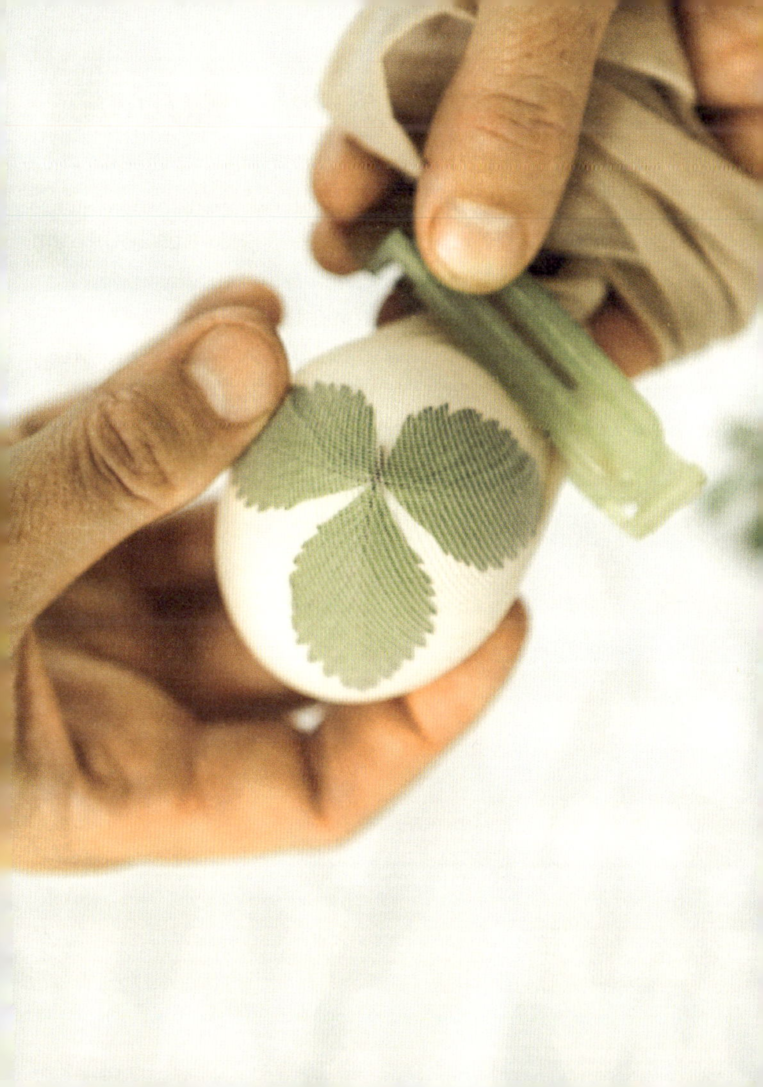

»Ei-Catcher«: Ombre-Effekt:

Der Ombre-Effekt meint verschiedenste Farbabstufungen, die durch unterschiedliche Ziehzeiten in den Farbsuden entstehen bzw. durch verschiedene Färbesubstanzen bei den einzelnen Farbgruppen erzielt werden.
Du kannst die Eier 5, 10 oder 30 Minuten jeweils im kalten Farbsud färben lassen.
»Eggs-perimentieren« ist erwünscht!

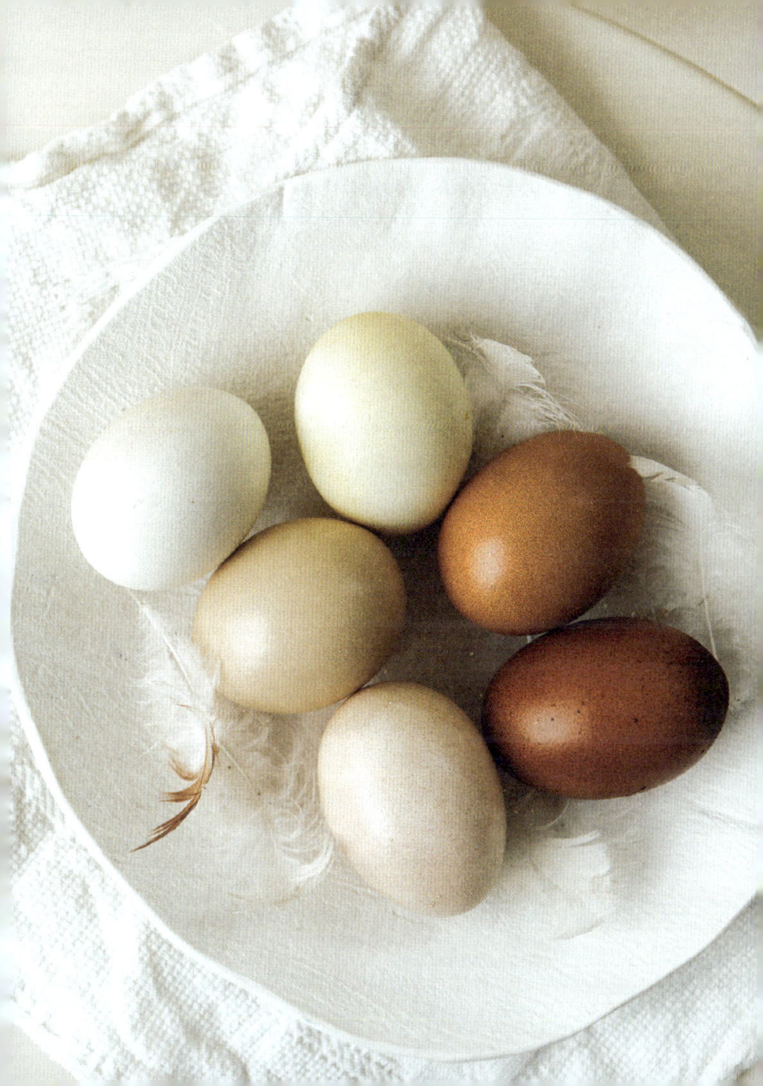

Färben mit Kindern

Kinder schnippeln meistens gerne mit der Schere, kleben, basteln und zeichnen Fantasievolles. Das sind fein- und grafomotorische Fähigkeiten, die die Kinder im Laufe ihrer Entwicklung in unserer Gesellschaft erwerben. Diese Fähigkeiten sind sehr wichtig, um »schulreif« zu sein. Manche Kinder sind allerdings nicht ganz so geschickt, sie haben manchmal noch nicht die nötigen feinmotorischen Fähigkeiten dazu und brauchen als Basis noch viel mehr grobmotorische Betätigung. Sie vermeiden zum Beispiel Basteln, Malen und Zeichnen, was wiederum keine Übung und auch keine Erfolgserlebnisse ermöglicht. Diese Kinder tun sich leichter, wenn einfache Materialen angeboten werden und manchmal auch, wenn Schritt-für-Schritt-Anleitungen vorhanden sind. Wichtig ist, einen möglichst entspannten Bastel-Zeitpunkt im Familienalltag zu wählen. Einen Platz an einem Tisch, an dem auch gekleckert oder gut aufgewischt werden kann. Alte Duschvorhänge und Zeitungen sind zum Beispiel ein guter Möbel- und Bodenschutz, der aufgelegt werden kann. So steht dem Experimentieren beim Eierfärben nichts mehr im Weg.

Als Ergotherapeutin habe ich ein paar Gestaltungsideen zum Eierfärben ausgewählt, die einfach durchzuführen sind und schöne Resultate liefern. Um die Experimentierfreude beim Kind zu fördern, hilft es, einfach die Utensilien bereitzustellen und zu fragen: »Hast du eine Idee, wie wir damit Eier verzieren und färben können?«
Kinder sind von Natur aus neugierig und kreativ – sei gespannt auf ihre Resultate!

Tipp für die Schritt-für-Schritt-Anleitung:

Du kannst von den Fotoanleitungen eine Farbkopie machen, diese laminieren und dann die einzelnen Fotos vom Kind ausschneiden lassen. Als Rätsel kann das Kind die Karten in die richtige Reihenfolge sortieren. Dabei habt ihr auch gleich spielerisch das Schneiden mit der Schere und den Handlungsplan trainiert. Der Alltag bietet wunderbare Gelegenheiten, »nebenbei« und spielerisch Grundfähigkeiten für das Kind zu erwerben und gemeinsam wertvolle Zeit zu verbringen.

Extra-Kreativ-Tipp:

Lässt du die Karte des Resultats weg, so steigt vielleicht die Neugierde, wie das Ei werden wird, beziehungsweise nimmt es den Druck oder die Erwartungshaltung, wie das fertige Ei auszusehen hat!

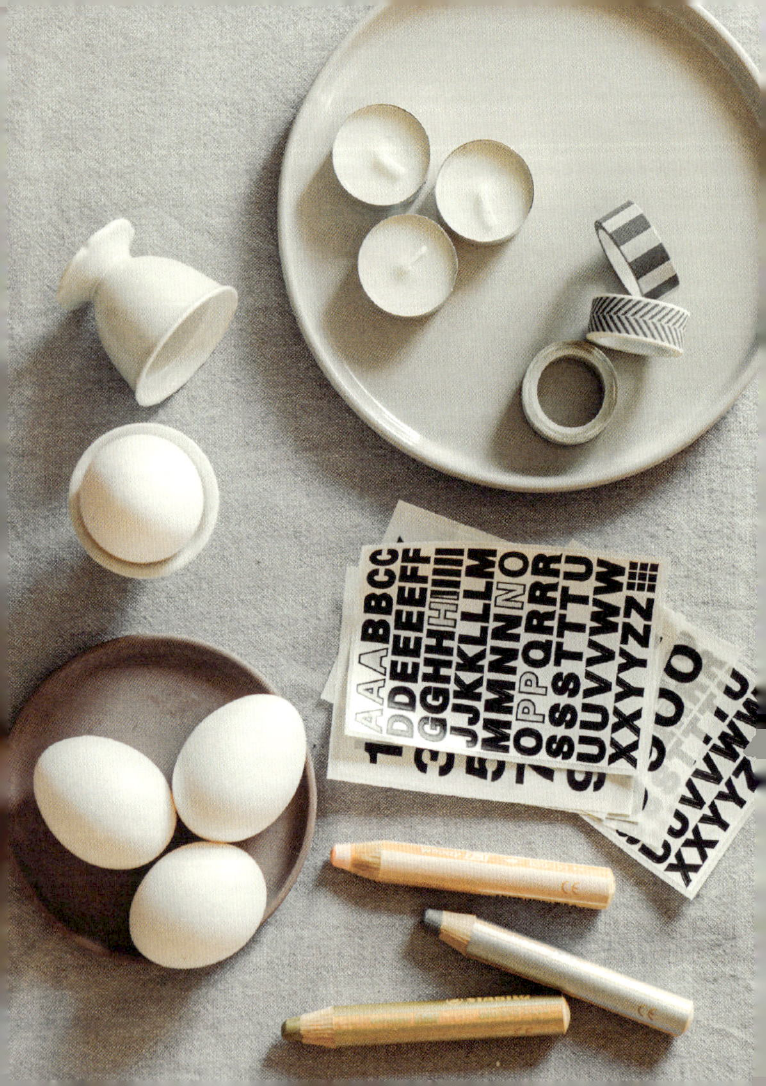

Gestaltungsideen (nicht nur) für Kinder

Bei allen Gestaltungsideen werden gekochte Eier benötigt. Die Eier sollten außerdem ausgekühlt und gut trocken sein. Stellt in Gläsern oder Bechern die Farbbäder für die Eier bereit.

Batikdesign mit Wachsmalstiften

IHR BRAUCHT:

helle Wachsmalstifte

SCHRITT 1:

Das Kind kann mit dem Wachsmalstift einfach auf dem Ei drauflosmalen: Blumen, Punkte, Linien, die Sonne, einen Hasen, Kritzeleien – der Fantasie sind keine Grenzen gesetzt.

SCHRITT 2:

Ist das Ei fertig »designt«, legt es das Kind vorsichtig auf einen Löffel und gibt es in das Glas mit dem Farbsud. Erst jetzt wird das wirkliche Muster sichtbar. Je länger das Ei im Farbbad liegt, umso intensiver wird die Farbe am Ei.

SCHRITT 3:

Ei vorsichtig herausnehmen und auf einem weichen Küchentuch trocknen lassen.

SCHRITT 4:

Anschließend mit Olivenöl und einem weichen Tuch oder mit einer Speckschwarte polieren.

SCHRITT 5:

Loben nicht vergessen: »Schön ist es geworden!«

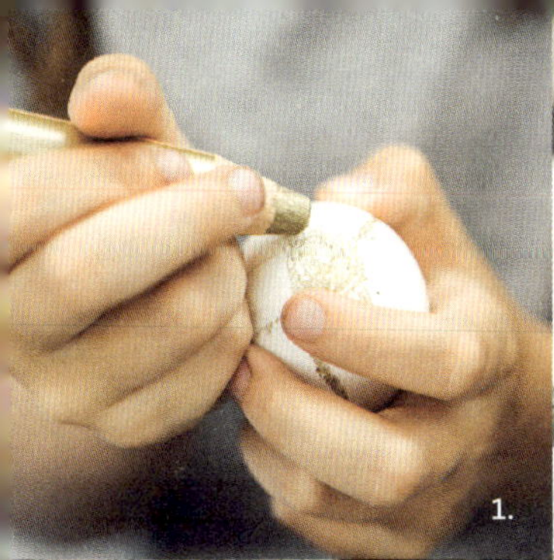

1.

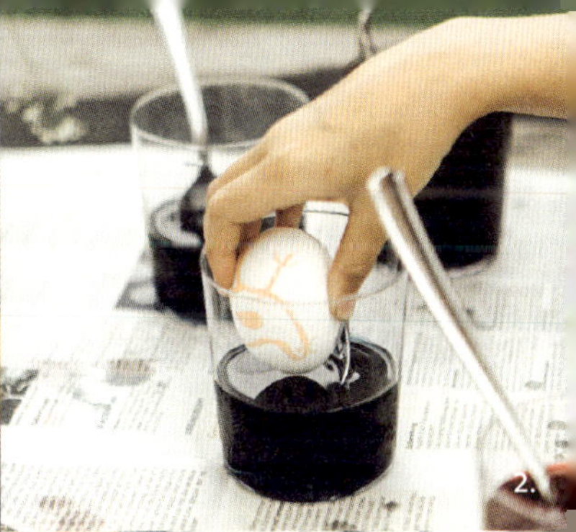

2.

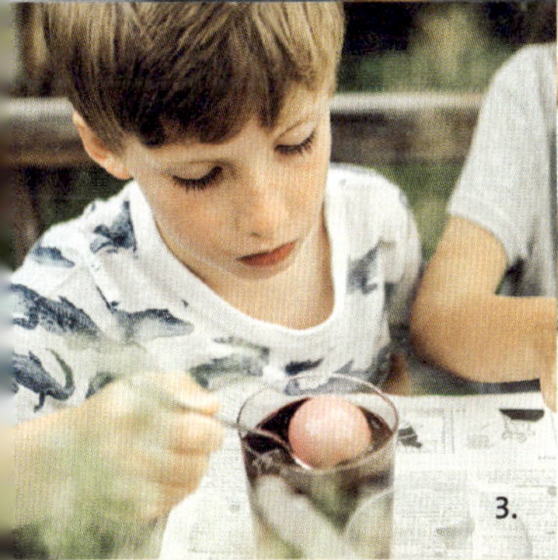

3.

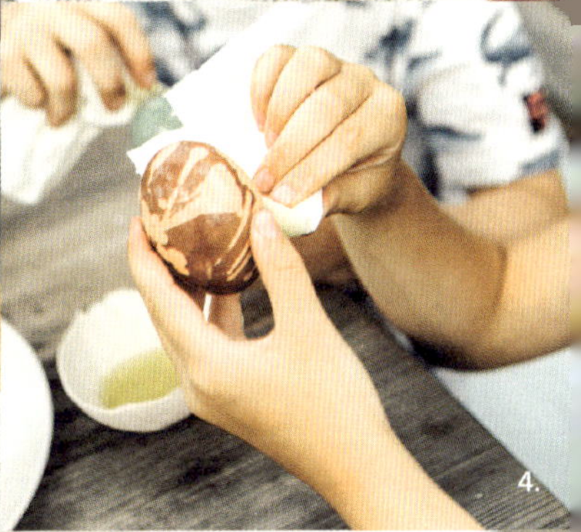

4.

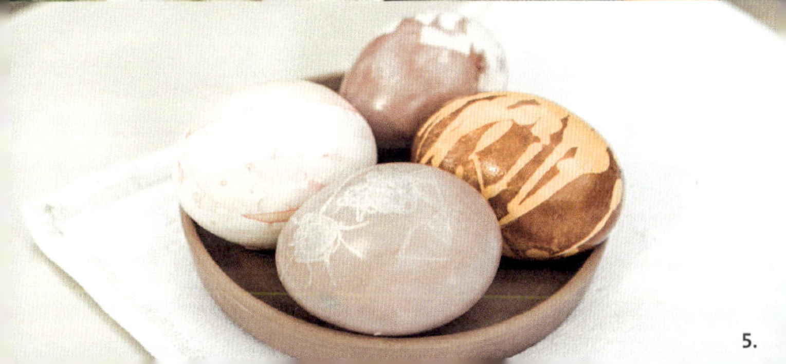

5.

Batikdesign mit Wachs

IHR BRAUCHT:

eine Christbaumkerze oder Teelichter

SCHRITT 1:

Tropft vorsichtig mit einer Christbaumkerze oder mit einem Teelicht Tropfen auf das Ei.

SCHRITT 2:

Danach legt es vorsichtig ins Farbbad.

SCHRITT 3:

Das Ei vorsichtig herausnehmen und auf einem weichen Küchentuch trocknen lassen.

SCHRITT 4:

Danach das Wachs wieder herunterlösen (das sind taktile Reize, die auch gut für den Spürsinn sind).

SCHRITT 5:

Anschließend mit Olivenöl und einem weichen Tuch oder mit einer Speckschwarte polieren.

SCHRITT 6:

Loben nicht vergessen: »Schön ist es geworden!«

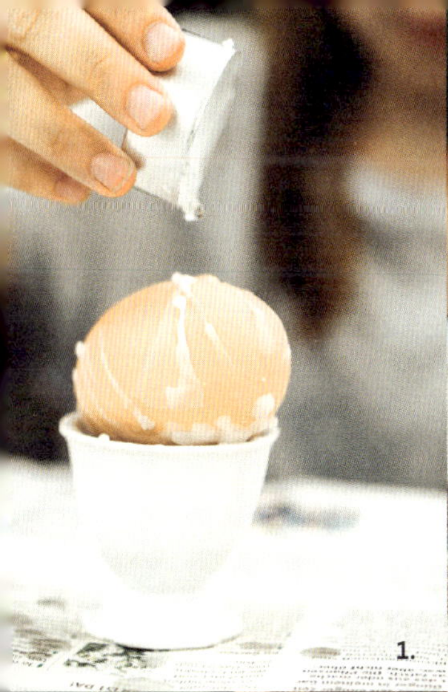
1.

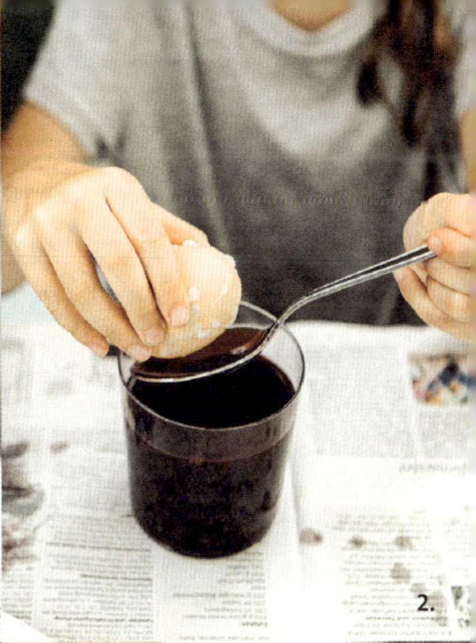
2.

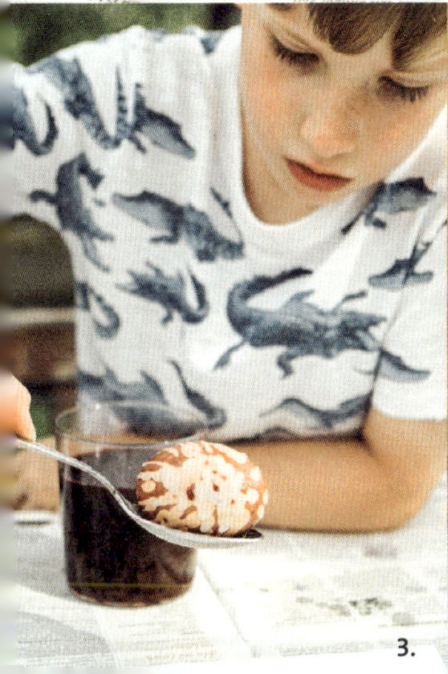
3.

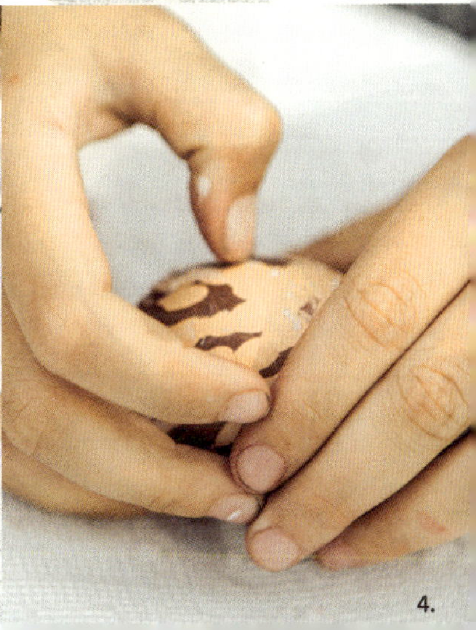
4.

Tape-Muster auf das Ei kleben

IHR BRAUCHT:

ein »Washi-Tape«, eventuell eine Schere

SCHRITT 1:

Am einfachsten ist es, wenn das Kind gleich mehrere Streifen oder kleine Eckchen vom Tape mit den Fingern reißt oder schneidet und auf die Tischkante klebt (das ist eine gute Übung für die Feinmotorik und den Pinzettengriff, der wiederum Voraussetzung für die Stifthaltung ist).

SCHRITT 2:

Nun könnt ihr auf das Ei Längs- oder Querstreifen, ein Karo oder sogar Sterne kleben. Gut andrücken.

SCHRITT 3:

Ei auf einen Löffel legen und vorsichtig ins Farbbad gleiten lassen. Die Dauer des Farbbades bestimmt wieder die gewünschte Farbintensität.

SCHRITT 4:

Das Ei vorsichtig herausnehmen und auf einem weichen Küchentuch trocknen lassen.

SCHRITT 5:

Das Tape von dem getrockneten Ei entfernen.

SCHRITT 6:

Anschließend mit Olivenöl und einem weichen Tuch oder mit einer Speckschwarte polieren.

SCHRITT 7:

Loben: »Schön ist es geworden.«

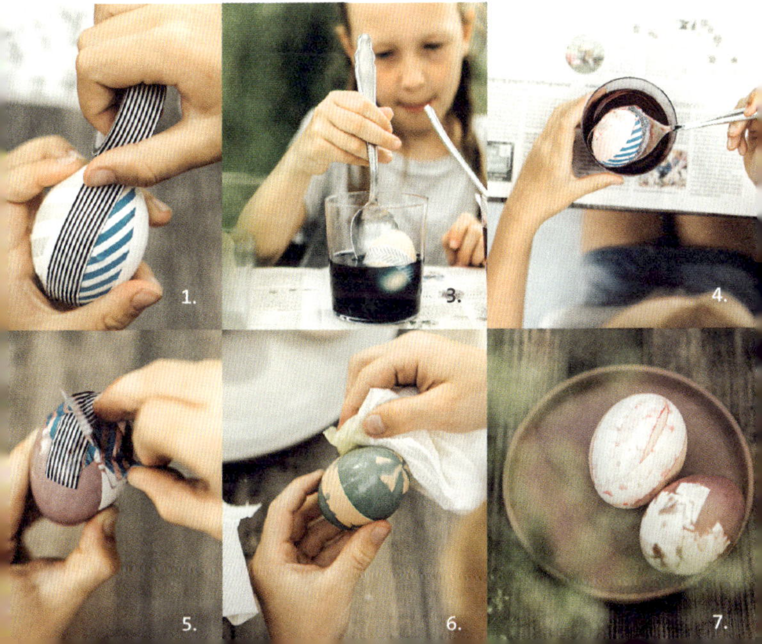

Botschaften mit Buchstaben kleben – nicht nur für Schüler

IHR BRAUCHT:

Klebebuchstaben
(damit können Namen oder Botschaften geklebt werden)

TIPP:

Ihr könnt die Namen der Familienmitglieder oder der Gäste zur Osterjause auf das Ei kleben. Dann habt ihr gleichzeitig ein »Namenskärtchen« für den Ostertisch. Oder ihr denkt euch kurze Botschaften und Wünsche aus, die man dem anderen sagen will, und klebt diese auf die Eier.

SCHRITT 1:

Ihr klebt die Buchstaben nebeneinander (oder ganz durcheinander in einem Wortsalat, dann kann man beim Verschenken auch gleich ein Ratespiel daraus machen. Kinder und Erwachsene lieben Ratespiele.).

SCHRITT 2:

Ist das Ei fertig »designt«, kann es das Kind vorsichtig auf einen Löffel legen und in das Glas mit dem Farbsud legen. Auch hier gilt wieder: Je länger das Ei im Farbbad liegt, umso intensiver wird die Farbe am Ei.

SCHRITT 3:

Das Ei vorsichtig herausnehmen und auf einem weichen Küchentuch trocknen lassen.

SCHRITT 4:

Buchstaben ablösen.

SCHRITT 5:

Anschließend das Ei mit Olivenöl und einem weichen Tuch oder mit einer Speckschwarte polieren.

SCHRITT 6:

Loben: »Schön ist es geworden.«

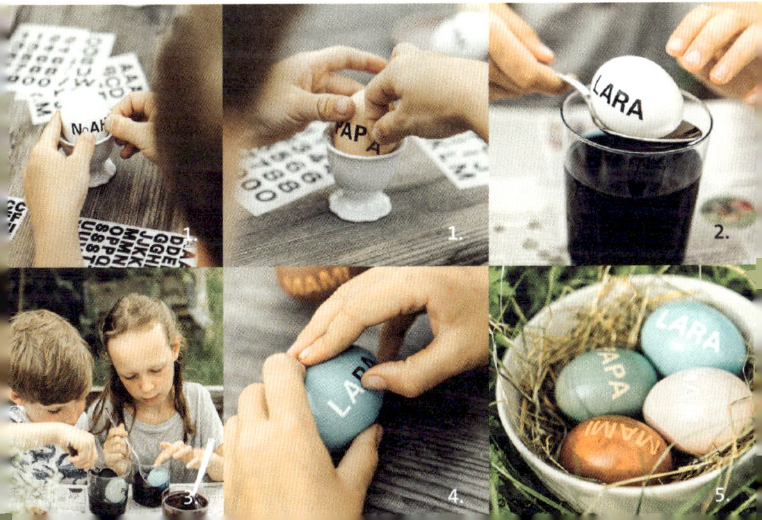

Wissenswertes über ...

Blaukraut

Die blauen und die roten Farbstoffe im Blaukraut haben eine antioxidative Wirkung. Ob der farbenfrohe Kohl nun eher blau oder rot ist, hängt vom pH-Wert des Bodens ab, wo das Kraut gewachsen ist. Besonders im Winter versorgt das regionale Gemüse die Menschen mit den nötigen Vitaminen und Mineralien. Herauszuheben sind: Vitamin B6 und B9, Vitamin C, Vitamin K, Kalzium, Kalium und Magnesium. Gequetschte Kohlblätter helfen als Umschläge bei Entzündungen verschiedenster Art (Gelenksentzündungen, Brustentzündungen bei Stillenden etc.).

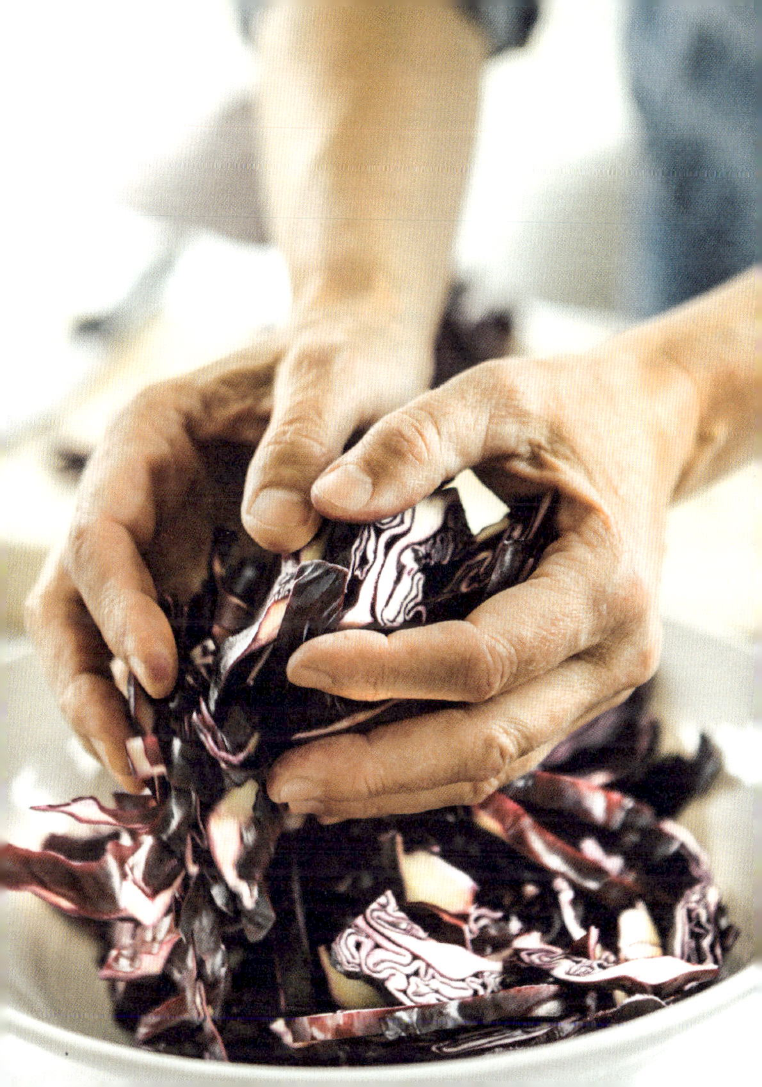

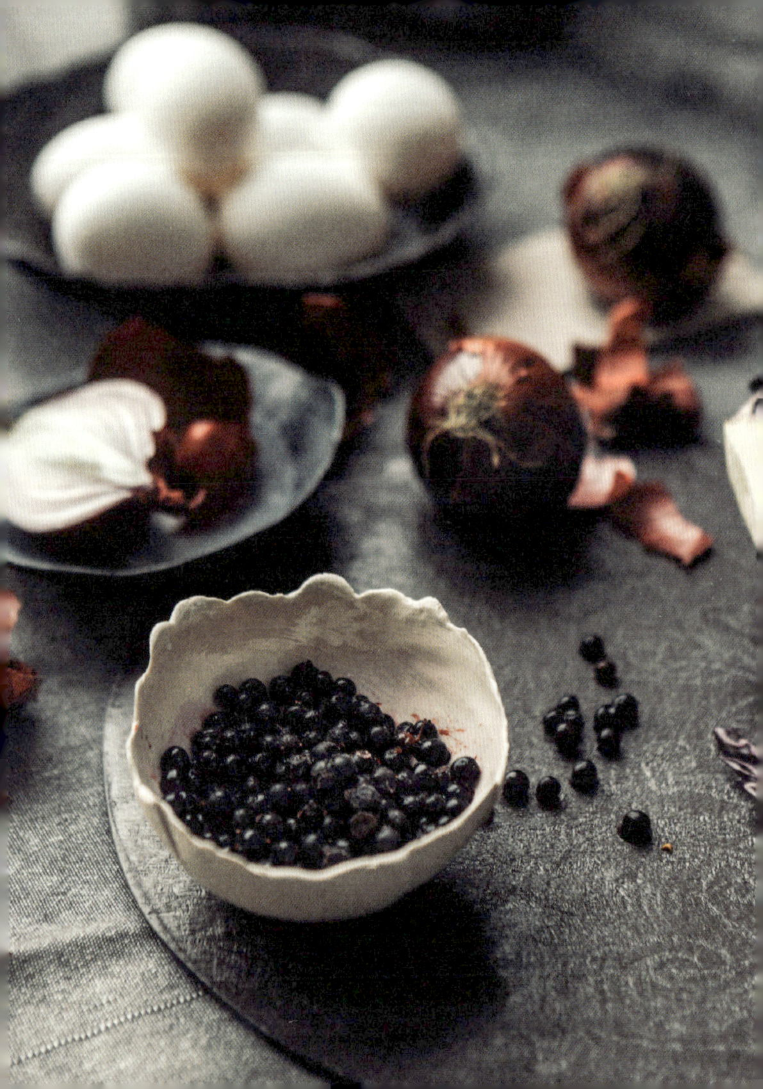

Die Färberkamille

Im Mittelalter wurde diese Pflanze gerne als Färberpflanze angebaut. Sie enthält neben ätherischen Ölen die gelben Naturfarbstoffe Quercetin und Flavone wie Apigenin, das übrigens auch in der Kamille vorkommt. Die frische, zerquetschte Blüte wurde auch für wundheilende Umschläge verwendet.

Heidelbeeren

Die Heidelbeere gehört zur Familie der Heidekrautgewächse und mag saure Böden. Als Heilpflanze wird die Heidelbeere bei Magen-Darm-Beschwerden und Problemen der Mund- und Rachenschleimhaut angewendet. An Vitaminen enthält die Heidelbeere neben Vitamin B auch C, E und K sowie Mineralien wie Kalium, Kalzium, Magnesium, Eisen, Zink und viele mehr.

Heidelbeeren verdanken ihre auffallende blaue Erscheinung den Farbstoffen, die als Anthocyane bezeichnet werden. Anthocyane schützen die Frucht vor freien Radikalen und zählen gemeinsam mit Vitamin C zu den stärksten Antioxidantien. Interessant ist, dass frische Früchte gegen Verstopfung helfen, getrocknete gegen Durchfall.

Holunderbeeren

Holunderbeeren wirken antiviral. Sie aktivieren das Immunsystem und beschleunigen die Genesung und die Regeneration von grippalen Infekten. Als Sirup oder auch als Röster genossen, kommt man somit nach einer Grippe schnell wieder auf die Beine.

Kurkuma

Kurkuma gehört zur Familie der Ingwergewächse und wird aufgrund seiner starken Färbekraft auch Gelbwurzel oder Safranwurzel genannt. Kurkuma stammt aus Südostasien und wird in den Tropen kultiviert. Als Gewürz ist es Bestandteil der Currymischungen, es wirkt vor allem verdauungsanregend und entzündungshemmend. Der in Kurkuma enthaltene Farbstoff Curcumin ist stark gelbfärbend.

Malve

Die auch als Käsepappel bezeichnete Pflanze ist reich an Schleimstoffen. Sie wird vor allem als schleimlösende Pflanze als Tee bei Husten, grippalen Infekten und Entzündungen im Mund-, Rachen- und Magenbereich verwendet. Kalt angesetzt ist der Tee zuerst lila-blau und wird erst mit dem Aufkochen grün-türkis.

Petersilie

Die Petersilie gehört zur Familie der Doldenblütler und kommt aus dem Mittelmeerraum. Chlorophyll verleiht der Pflanze die grüne Farbe. Gemeinsam mit anderen ätherischen Ölen ist das Chlorophyll im Körper geruchsbindend. Petersilie fördert die Entgiftung durch Leber und Niere und beugt Nieren- und Blasensteinen wie auch der Zellentartung vor. Auf jeden Fall enthält sie viele Mineralstoffe und Vitamine und bereichert geschmacklich jedes Butterbrot und jede Suppe.

Rote Rübe

Rote Rüben sind reich an Betain, einem Pflanzenstoff, der die Leberzellen stimuliert, die Gallenblase kräftigt und dabei hilft, deren Gänge frei zu halten. Außerdem beugt es Gefäßschäden vor und kann auch den Serotoninspiegel günstig beeinflussen. Rote Rüben sind reich an Folsäure und sogar die Blätter haben es in sich: Rote-Rüben-Blätter haben die siebenfache Kalziummenge der Rüben, die dreifache Magnesiummenge, die sechsfache Vitamin-C-Menge, die mehr als zweihundertfache Vitamin-A-Menge und die zweitausendfache Menge an Vitamin K.

Zwiebel

Die Zwiebel zählt zu den ältesten Kulturpflanzen und wird gern als traditionelles Hausmittel eingesetzt, z. B. bei Insektenstichen, Husten oder Ohrenschmerzen. Natürlich hat auch die Zwiebel viele Vitamine und Mineralien. Es ist der darin enthaltene Schwefel, der zu Tränen rührt, allerdings hat er auch eine stark antiseptische Wirkung. Zum Färben werden die äußeren, trockenen Schalen verwendet.

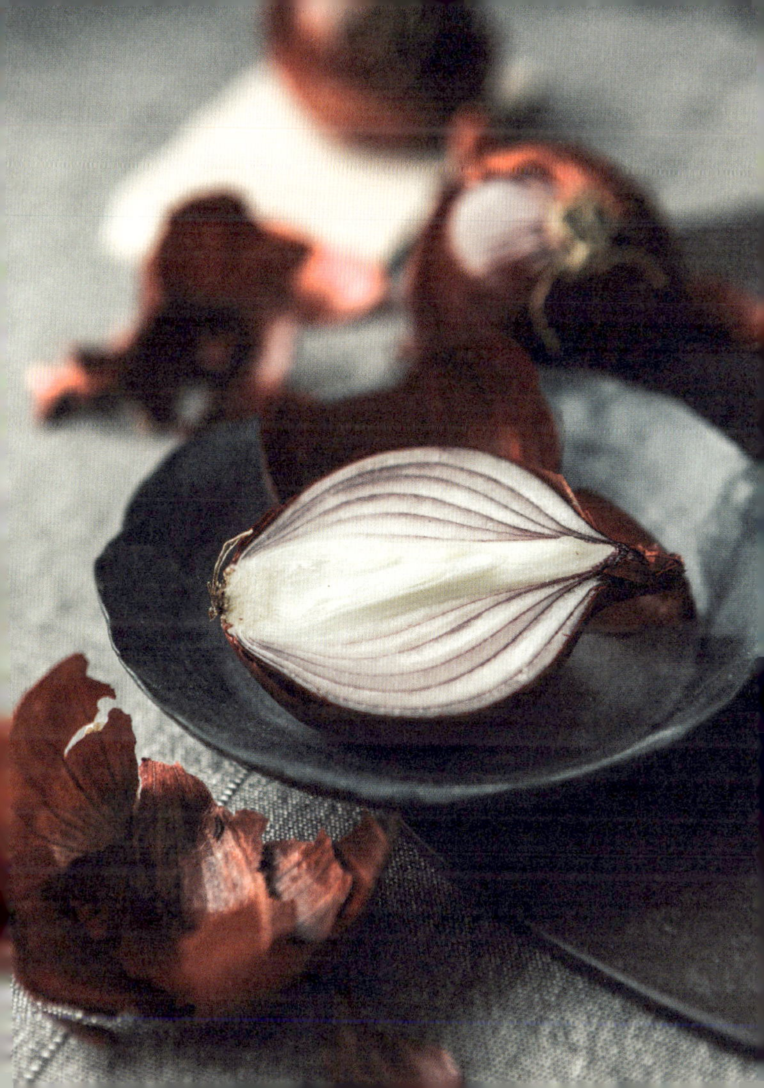

Eiaufstrich

Dieses Rezept ist eine köstliche Lösung, falls Ostereier von der Osterjause übrig bleiben:

- 250 g Topfen
- 2–3 Eier geschält und klein gewürfelt
- 2 EL Sauerrahm
- 2–3 EL Obers
- 1 TL Currygewürzmischung
- 1 Prise Pfeffer

Alle Zutaten gut miteinander vermischen und mit Schnittlauch und Petersilie garnieren.

TIPP:

Der Eiaufstrich schmeckt auf frischem Brot mit Butter köstlich!

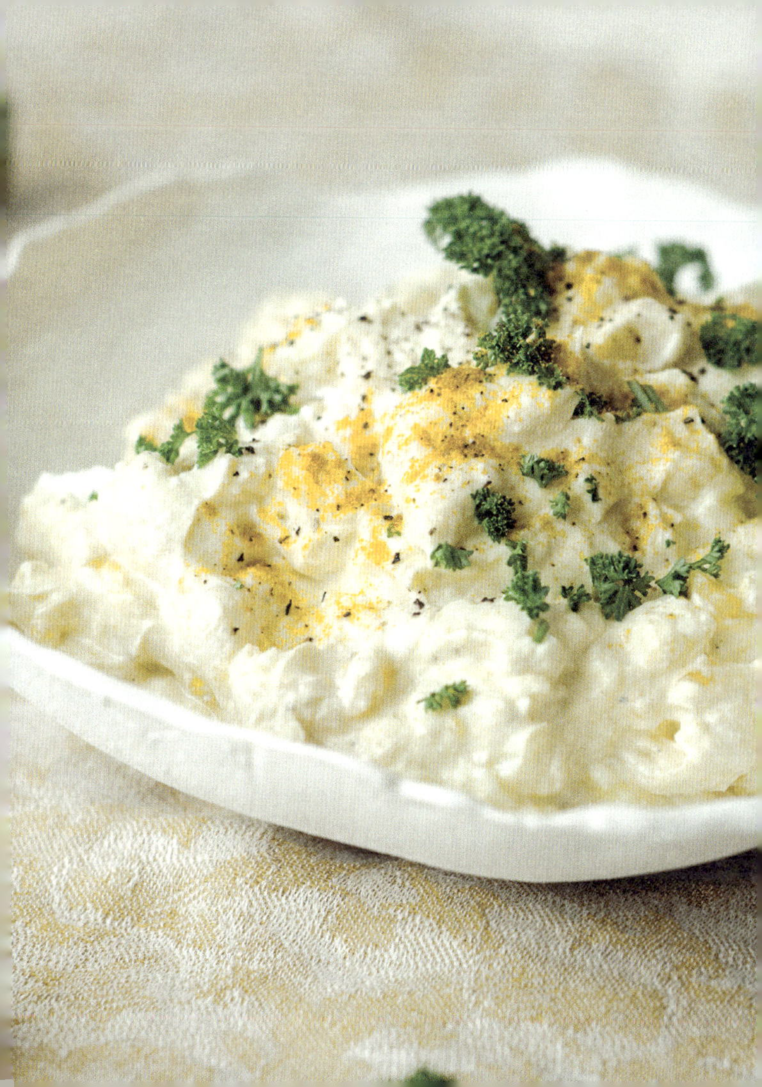

Danke

Danke, liebe Eva und lieber Karl, dass ich von euren glücklichen Hühnern mit Eiern für dieses Buch versorgt wurde. Ohne köstliche Bio-Eier hätte ich – trotz schönster Eier-Dekoration – die Eier nicht so genießen können. Die »Seeluft« tut euren Hühnern gut! Grüße an eure Henne, die für das Foto hier Modell stand. Danke, liebe Christa, für das Huhnfangen und das unkomplizierte Fotografieren. Ich schätze deine professionelle Art und ich bewundere deinen Styling-Blick. Danke an Betty, Susanne und Bernhard für die Unterstützung und dass eure Kinder beim Kindershooting dabei sein konnten. Danke, dass wir euren schönen, gemütlichen und geselligen Garten einen Nachmittag lang genießen durften! Danke, liebe Lara und lieber Noah: Ihr wart super geschickt mit euren Händen, sehr geduldig und unkompliziert beim Fotografieren! Es macht Spaß, mit euch Eier zu dekorieren. Lara, du bist geschäftstüchtig und machst bestimmt einmal einen eigenen Laden auf. Noah, du hast einen Blick für das Schöne, und ich bin gespannt, was du alles noch kreieren wirst. Danke, liebe Maria, für das Lektorat und das

Betreuen des Schreibens dieses Büchleins, meines ersten Buch-»Eggs-periments«. Danke an meine Familie, die auch nach Ostern noch zur Jause gefärbte Eier sehen konnten und diese auch gegessen hat. Ich liebe euch!

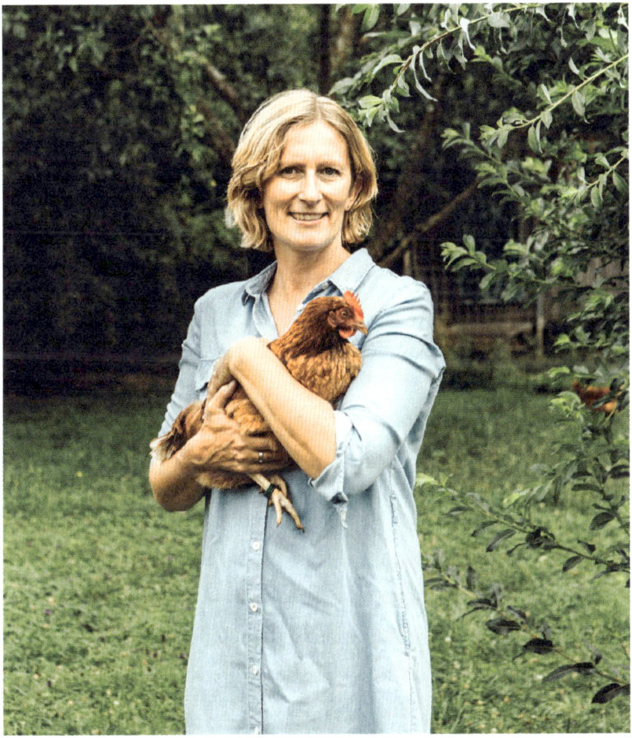

Quellen

Oö. Akademie für Umwelt und Natur: Alte Gartenpflanzen neu entdeckt. Linz, 2007.
www.wunderweib.de/eier-sind-gesund-das-passiert-deinem-koerper-wenn-du-eier-isst-13756.html
www.zentrum-der-gesundheit.de/rote-bete.html
www.zentrum-der-gesundheit.de/

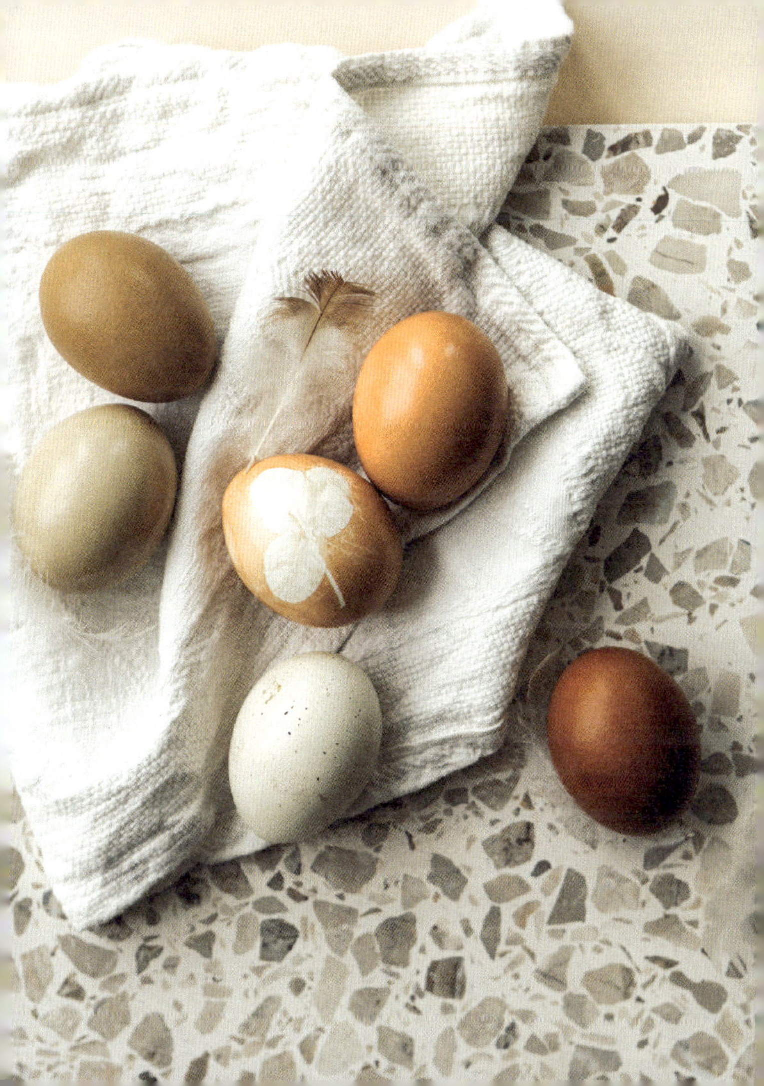

Über die Autorin

Christine Mittermayr ist Ergotherapeutin und Keramikerin und lebt mit ihrer Familie im Mühlviertel. Sie kocht gerne und serviert das Essen meist in ihrem handgemachten Porzellan. Feste gestaltet sie am liebsten alle Sinne ansprechend, generationenübergreifend und unkompliziert. Denn das Wichtigste ist ihr beim Feiern die Gemeinschaft und das Lachen mit ihren Lieben. Für ihre Kundinnen schreibt sie Blogartikel. Dort stellt sie regelmäßig Rezepte oder Anleitungen rund um das Tischdecken, das Festefeiern und kleine Auszeiten aus dem Alltag vor.

www.textpoterie.at

FSC www.fsc.org MIX Papier aus verantwortungsvollen Quellen FSC® C012536

201920031 PRINTED IN AUSTRIA

 Gesetzt aus der Hoefler Text und The Sans. · Medieninhaber, Verleger und Herausgeber: Red Bull Media House GmbH · Oberst-Lepperdinger-Straße 11–15 · 5071 Wals bei Salzburg, Österreich · Gestaltung und Satz: wir sind artisten · Bilder: Cover und Innenteil: Christa Gaigg

Printed in Austria
ISBN 978-3-7104-0230-2